Gscheidla, Knicker, Glufamichel

Studien zur schwäbischen Befindlichkeit

Für Ingrid und Horst
herzlich

Johann Martin Enderle

Gscheidla, Knicker, Glufamichel

Studien zur schwäbischen Befindlichkeit

Mit Zeichnungen von Siegfried Scholz

J. M. E. Selber Verlag

Johann Martin Enderle: Pseudonym für Dieter Adrion

Mergenthalerstraße 4, 74321 Bietigheim

Satz: *textinform*
Druck und Bindearbeit: Friedrich Pustet, Regensburg
Printed in Germany

ISBN 978-3-9802098-9-2
www.selber-verlag.de

Inhalt

Vorwort 7
Therapeutischer Humor 9
Onser »heba« 12
Onser »schmecka« 18
Onser »fei« 20
Schwäbisch »on demand«
Lalle ond Låle 23
Staffel ond Stega 25
Ranza ond Wampa 26
Hilfe in der Reimnot 28
Neue Mundart 30
Gschwolles Gschwätz 31
Zauberwörter 33
Geizig? Mir? 36
Französisch? Haufaweis! 37
Schiller kompakt 40
Schwäbisches Echo auf Jean de La Fontaine
Der Rabe und der Fuchs 43
Der Frosch, der so groß werden will wie ein Ochse 46
Der Fuchs und der Storch 49
Schwäbisches Echo auf Heinrich Heine
Der tugendhafte Hund 53
Schwäbisches Echo auf Ludwig Uhland
Schwäbische Kunde 58

Die Lorelei – zweimal historisch, einmal neu 64
Heinrich Heine: Das Original 65
Lene Voigt: De Säk'sche 66
J. M. E.: De Schwäbisch 67
Schwäbisches Echo auf Adelbert von Chamisso
Die Weiber von Winsperg 69
Ode an die Freude zum Schillerjahr 2009 73
Schwäbisch zwitschert 75
Sonett vom Darss 77
Maultascha de Luxe 78
Eintopf des Jahres 80
Ernüchterung im Weinkeller 87
Montagsrädla 89
Mei »Saurer Bråta« 90
Onser Guatslesnorm 93
Offene Kirscha 95
Mr secht grad s Nötigscht 98
A andere Welt 101
Wellness à la carte 103
Gsond ens Jåhr 106
Wo druffdrucka? 113
Rätseln bildet 118
Tatort im Advent 122
Schässlo antik 126
Geläbtes Baden-Wirtemberg 132
Abblitzt 133
Zehn Regeln für den glückseligen Ehestand 135
Mir bhaltet net jeden! 139
Danke … danke … danke! 143

Vorwort

Zwar schmeichelt es dem Kleinkünstler, bildet sich ein fester Kreis von Bühnen mit je eigenen Fan-Gemeinden heraus, die ihn in kürzeren Abständen zum Auftritt einladen, doch bringt ihn diese treue Nachfrage auch in Textnot. Skrupel befallen ihn im Hinblick auf unvermeidliche Wiederholungen, und Kommentare aus dem Auditorium in der Art »Gell, des haba mr scho öfters höra dürfa« treffen ihn ins Mark.

Damit es wenigstens zu gemischten Programmen aus Aufgewärmtem und Neugebackenem reicht, ist er ständig zur Textproduktion herausgefordert. Auf diese Weise sammeln sich unversehens wieder Stücke an, die nach ihrer Bühnenpremiere auch Lesern und Vorlesern zugänglich sein sollen.

So erscheint denn ein drittes Mal in Buchgestalt, was an neueren komischen Gedichten bis dahin nur auf fliegenden Blättern und in Merkheften zusammengekommen war. Dafür scheint Eile geboten, denn man sollte damit nicht zuwarten, bis das breitere Publikum der Höchstform der Erheiterung anhängt, die neuerdings ernsthaft propagiert wird: dem »Lachen ohne Grund«. Leicht könnte das Interesse an vergnüglicher Mundartlektüre schwinden, wenn die Wellnessbranche verstärkt Lachen-ohne-Grund-Seminare ausschreibt und dazu – wie jüngst am Weltlachtag 2008 – von den Teilnehmern lediglich eine Gymnastikmatte, eine Decke (schwäbisch: ein Teppich), warme Socken und stilles Wasser mitzubringen sind. Also hieß es rasch »präsent sein am Markt« mit diesen neuen Stücken zu schwäbischer Mundart, Weltsicht und Befindlichkeit.

Seit Erscheinen der letzten Sammlung schwäbischer Verlautbarungen hat auch eine Pisa-Studie ermuntert, nur ja nicht nachzulassen im Bemühen, mit Texten und auf der Bühne das Seinige beizusteuern zum Erhalt und zur Pflege der Mundart. Den Dialektregionen Bayern, Baden-Württemberg und Sachsen wurde ein Bildungsvorsprung bescheinigt, was die Bildzeitung sogleich zu der Titelfrage bewog: »Macht uns der Dialekt so schlau?« Dies wurde von wissenschaftlicher Seite umgehend bejaht mit der Begründung, dass der »Zweisprachige« ständig zwischen den verschiedenen Sprachebenen Mundart und Hochsprache differenzieren müsse und dadurch eine größere Sprachkompetenz entwickle (Süddeutsche Zeitung vom 18. 7. 2005). Auffassungsgabe, abstraktes Denken, sprachanalytisches Verständnis bilde sich bei ihm stärker aus.

Grund genug, zu solch erhabenen Effekten mit dieser Auswahl neuerer Arbeiten beizutragen – über eine längere Folge hinweg (S. 43 bis 68) sogar ausdrücklich »zweisprachig«.

Bietigheim, im August 2008 *Johann Martin Enderle*

Therapeutischer Humor

Seit die Gesundheitslehre und eine spezielle Lachforschung ein breiteres Publikum von der Bedeutung eines täglichen Lachpensums überzeugen, unternehmen auch weniger humorvolle Mitmenschen und Landsleute alles Mögliche, um nur ja kein Lachdefizit aufkommen zu lassen.
Der erfreuliche Zulauf bei Kleinkunst- und Kabarettbühnen im Lande könnte damit zu tun haben und Besucher anlocken, die man dort nicht vermutet hätte.

Ach, d Frau Bechtle, lasst Se me råta:
Wia send au Sia ens Kabarett gråta?

Zur Gaude net! Des sag En glei.
Zwår ischs ons au om d Lacherei,
Aber mir hen då onsern bsondra Grond,
Weil bloß wer lacht, hoeßts, der lebt gsond!
Des hemmer glernt, s war richtig spitze,
Em Vortrag vom Professor Titze
En Stuagert neulich beim Lachkongress.
Då gåhts fei net om domme Späß,
Ond s war nix Luschtigs – ohne Zweifel –,
Weil Schirmherr war dr Erwin Teufel!
Au en Weltlachtag gibt es fei
Am erschta Sonntich jeden Mai.

Die Lehre vom Lacha ischt en vogue,
Der Fachmann hoeßt Gelotologe!
Der secht – mr glaubt, er sei net bacha –
Mr könn au gega d Grippe lacha,
Gegas Bauchweh ond d Migräne.
Grinset Se net – des sag e Ehne!

s kå sei, s kommt Ehne komisch vor –
Desch net recht: Mr hoeßt des »therapeutischen Humor«
Ond moent drmit, desch fei net ohne:
Mr lacht, dass mr die Glückshormone,
Die Endorphine produziert
Ond d Abwehrkräfte aktiviert!

Wer lacht, woeß mr, der schnauft viel tiefer –
Also: er atmet intensiver,
Ziagt viel meh Sauerstoff en sich nei
Ond spannt fascht älle Muskla ei,
Vom Gsicht na bis zom Onterleib.
Für d Gsondheit, net zom Zeitvertreib,
Lacht onseroes en Schocher naus,
So Lachkatza send ons a Graus …

Übrigens: Am meischta lachet d Portugiesa –
18 Minuta äll Tag – desch erwiesa.
Mr sieht halt glei, dass dene z'wohl isch –
s wondert oen net: dia sen katholisch!

Mr woeß: es ischt bei Proteschtanten
Weniger Lachwille vorhanden!
Mei Guschtav, mr woeß jå wia-n-r ischt –
Halt älles, bloß koe Humorischt!
Dass mr bei ons em Haus net so fidel isch,
Isch klar: weil mir send evangelisch.

Drhoem lacha, bloß so zom Spaß,
Käm billiger! Bloß woeß mr halt net: Über was? . . .
Bei ons wird net glacht – oefach so,
Mir müaßt was Extras drfür to'.
Was hätta mr solla anders macha?
Nå semmer halt dåher – zom Lacha!

Onser »heba«

Richtig stolz send mir Sueben,
Uff onser Ällerweltswort »heben«,
Weil es bedeutet Sticker sieben
Sachen. 's Wichtigscht han ich aufgeschrieben.

Vorneweg, dass des glei klar isch,
Des isch ein Beispiel, wo net rar isch:
Nämlich, was sonscht in deutschen Landen
D Leut onter eim Wort verstanden,
Muaß bei ons no lang net gelten.
Jå, wia gsagt, es isch net selten,
Dass ein Schwabe auf der oenen,
Auf der andren Seit ein Preiß
s Gleiche sagen, aber jeder uff sei Weis
Ebbes total anders moenen.

Was håt sich net scho Schlemms begeben
Bloß om a falsch verstandes »heben«!
Deswegen hen gfälligscht die Externen
D Språch der Gaschtgeber zom lernen,
Weil's schnurstracks ens Verhängnis führt,
Wenn sich dr Immigrant då ziert.
Moent so a Nordlicht 's sei entbehrlich,
Schwäbisch lernen, nå wirds gfährlich.

Nemm amål å, håsch so en Tropfen
Bei dr zom helfen Kirschenzopfen,
Du ståhsch hoch droben en dr Höh,
Ond sechsch dem reigschmeckta Mosje,
Er soll doch mål dei Loeter **heben.**
Nå gåhts bei dir om Leib ond Leben,
Weil wenn der net Schwäbisch kå, der Donder,
Lupft der dei Loeter, du hakelsch ronter.

Oder – mr geniert sich jå scho fascht –
Es könnt jå leicht ein fremder Gascht,
Halt so a hochdeutschs Sprachgenie
En seiner verdorbna Phantasie
Am End no Oåschtändigs denka
Ond glauba s tät em sonscht was wenka,
Wenn d sechsch: »Heut blåst oen jå dr Wend fascht weg.
Siehsch au, dia Mädla **hebet** d Röck!«

So oener braucht dringend a Lektio
»Heben auf Schwäbisch« – dia gåht so:

1. ***»heben« ståht – ich hoff, kåschs bhalten,***
   bei ons ganz generell für »halten«.

   »**Heb** mr amål des Bild grad nå,
   Dass e a Nägele neihaua kå!«

   »**Heb** de am Gländer, i han frisch gwachst,
   Mr håt sich schnell dr Fuaß verknackst!«

   »Des isch a Kampfhond, des sieht jeder.
   I sags En: **Hebet** Se-n jå, Ihrn Köter!«

   »Ohne Internet, E-Mails, Home Entertainment, kå mr scheints nemme leba.
   Jå, des isch dr Lauf der Welt, mir könnets au net **heba**!«

»Oh je, der VfB! Nåch dene paar Spiel scho siebzeha
Kischta drenna,
Narr, d Hälfte drvo hätt mr au **heba** könna!«

2. ***»heben« kå hoeßa, merk drs fei,***
»sich frisch halten« ond »von Dauer sei«.

»Dia Blüamla ens Schlåfzemmer, dass se lang lebet!
Zwår sieht mrs nå kaum, aber Hauptsach, se **hebet**!«

»Vanillsoß han e no en Schlag –
Em Küahlschrank **hebt** dia no acht Tag!«

»Ach, Sia hent en neua Zau oms Haus!?
Descht ebbes Stabils – der **hebt** Se aus!«

»Guck då, d Angela ond dr Münte Hand in Hand!
Ha, dass des net **hebt**, des håt mr gspannt!«

3. ***s kommt weiters mit »heben« uff dr Tisch,***
wie guat ebbes befeschtigt isch.

»So, sauber bebbt! Gucks å, mei Werk!
Se **hebt** wieder: d Nås von deim Gartazwerg!«

»Dia Hausnommer muaß nå! Då wird net gnagelt ond
net klebt.
Dübel ond Schrauba nemmsch, dass s **hebt**!«

Oe Rauschkugel zur andera nåch em Saufbankett:
»Loen me anders nå – so **heb** e net!«

4. ***Gåht was net nåre, habberts, bleibts en dr Schwebe, secht mr, dass es an dem oder sellem »hebe«.***

»A Schand, dass Schaibles Oliver mit seira Tina scho zeha Jåhr en wilder Ehe lebt –
Då woesch net, an was då **hebt**!«

»Maledifen! Seischellen! D'Leut fliaget zom Urlaubmacha om die halbe Welt!
Mir wölltet jå au, aber s **hebt** am Geld!«

»Wo bleibsch denn, Johann? Mei Floesch wird kalt mitsamt dr Soß!
Komm tapfer jetzt! Wo **hebts** denn bloß?«

5. ***»verheben« im Sinne von »verdrucken« von eim Bedürfnis sottsch noch schlucken.***

»Was? Uff dr Klo pressiert drs, Kend?
Da kommt glei oes – **verhebs** no gschwend!«

»A ledigs Kend? Hättet ses bleiba lau.
I ond mei Karle **verhebets** schliaßlich au!«

»›Leasingraten zum Wohlfühlen‹, gäbs.
So was Gschuckts! Då kåsch bloß saga: Oh, **verhebs**!«

6. ***Vielleicht wär, wia-n-es am End jetzt seh,***
doch »uffheben« no wichtig gwä:

Uffheba moent erschtens, stell dr vor,
Mr holt von onta was empor,
Also: Brosama, Glufa, Knöpf ond Schrauba,
Wo nahaklet, vom Boda klauba!
Dass mrs Sach **uffhebt**, em Sinn von »aufbewahrt«,
Net nausschmeißt, ghört zu onsrer Art.
Mr hebts no uff, so hoeßt die Regel –
Alte Lompa, kromme Nägel ...
A guater Schwåb denkt emmer drå:
Mr woeß nia, wann mrs no braucha kå!

So! Mit »**heben**« bisch jetzt prima druff,
Dank meim Traktätle! **Hebs** guat uff!
Ond lass ons demnächscht amål em »Leeben«
Uff des nå einen Schoppen **heben**!

PS: Grad, wia-n-e me fråg: Hemmer älles?,
Kommt mr-s: »**neiheba**« wär no was Spezielles,
Will saga: mr ruckt nix raus, mr häufelt uff,
Mr gibt nix her, mr hockt druffnuff,
Uffs gsparte Geld, dr bessere Wei –
Kurz ond guat: mr **hebts** no **nei**!

Onser »schmecka«

Då staunet d Fremdleng wia net gscheit:
Dr Schwåb schmeckt meh als ander Leut.
Grad, dass se so viel no vertraget,
Wenn mir beim Kaffeevisitle saget
Ond artig lobet beim Versuacha:
»Åh, *schmeckt* der guat, dei Zwetschgakuacha!«
Hätt mr aber scho reizuas, onter dr Tür,
Glüschtig flattiert: »Åh, *schmeckts* bei dir
Amål scho prima aus em Ofa raus!« –
Geng en em hui dr Schnapper aus,
Oft semmer-n då a Nommer z groß,
Weil: Mir schmeckets, ond sia riachets bloß.

So send se baff ond schnallet abe,
Secht a verliabter Schwåba-Knabe
Zu seim herztausiga Schätzle keck,
Dass s wia a Märzaveigele *schmeck*.
Oder, wenn's wo stenkt uff älle Arta:
»Då *schmeckts* net wia ema Rosagarta!«
Oder von re Rauschkugel, net faul:
»Dem *schmeckt* dr Wei scho aus em Maul!«
Au, dass ebbes schmeckt en Haus ond Küche
Ståht net rondrom für Wohlgerüche –

Em Gegatoel, s isch was net echt,
Wenn's hoeßt: »I trau net recht,
Des Knöchle ond des Rüssele,
Dia *schmecket* scho a bissele!«
Ond gucket en Schillers »Kabale« nei:
Om koen Preis secht dr alt Miller, gäb r fei,
Sei Tochter, s Luisle, »einem Mann,
Den sie partout nicht *schmecken* kann«!

Mr kennts jå: so zuagwanderte Kadetta
Kapieret ond schnallet manches neta.
Då nemm de mit »schmecka« jå en Acht,
Dass so oener net s Verkehrte macht!
Sechsch, nemm amål å, zu so me Gecka,
Er dürf mål dei Parfümle schmecka,
Muasch en womöglich glei druff stupfa:
»Drå schnuppra sollsch, net drvo supfa!«

Ach, des no: Mr sott weiters no drå denka:
Mir hen en dera ganza Blås
Von Nåma fürs Riechorgan, sprich d Nås,
Net bloß dr »Kolba«, »Preschtleng«, »Zenka«,
Nix då: Lenks und rechts vom Necker
Kennt mr bei ons au no den »Schmecker«!
Statt »die Nas zu rümpfen«, s isch koe Bluff,
Ziaget mir dr *Schmecker* nuff!

Onser »fei«

Des Gschickte isch an onsrer Språch:
Viel saga mr dr Nähe nåch.
Hent andre a Gschwafel ond Geklimper,
Nå zucket mir mit koener Wimper,
Hen koe so hochgstochas Getue –
Noe, langet nei en onser Truhe
Ond holet vo-ma ganza Pöschtle
Ällerweltswort oes raus aus em Maukaneschtle
Ond sparet viel Geschnatter ei –
I nemm zom Beispiel onser »fei«.

Des fangt, horcht mr genauer nå,
Zerscht ganz normal ond harmlos å.
Gradso wia nördlich von Main ond Tauber
Ståht **fei** für *gattig, ågnehm, sauber:*
A **feis** Mädle, **feine** Küachla, **feiner** Wei.
Oder: *Die Veigela schmecket aber **fei.***

Bis dånå wars bloß a erschter Schritt,
Då kommt a Reigschmeckter no mit,
Aber er håt koen blassa Dunscht
Von höherer schwäbischer Ausdruckskunscht.

Wo er sich fürchtig verbiagt ond secht,
Dass-r was *inständig, entschieden, nachdrücklich* möcht,

Resolut, energisch, rigoros …
Hen mir koe Gedöns ond brauchet bloß,
Ohne dia gschwolla Litanei,
Nix als onser praktischs **fei**!
»Hol me ***fei*** *ab ond lass me* ***fei*** *net warta!«*
»Du schaffsch ***fei*** *au mål was em Garta!«*
»Sia hen ***fei*** *Kehrwoch! Vergesset Ses* ***fei*** *net!«*
»So Kender, heut gåhts ***fei*** *bald ens Bett!«*

Fei ståht au oft, vermeld ich Ehne
Für *wohlgemerkt* ond *notabene.*
Kommt oener von alloe net druff,
Nå lupft mr-n mit me **fei** druffnuff:
»Sia hen doch onser Gschenkle gseh? –
Sia könnets glauba – desch ***fei*** *nix Billigs gwä!«*

No ebbes! Mit me **fei** kåsch oem au saga:
Mei Liaber, jetzt håts dreizeha gschlaga!
»Des hört ***fei*** *uff, dei vorlauts Gschwätz!«*
Hoeßt: *»Maul halta, sonscht gåht dr-s letz!«*
Oder: *»Des isch mei Ernscht ond* ***fei*** *koe Spaß!«*
Moent: *»Obacht, glei passiert dr was!«*

Isch mr des Schwäbischen net mächtig,
Nå kommt mr arg ens Quassla nei
Ond schwafelt rom ganz donderschlächtig,
Weil s fehlt oem eba onser **fei**.

Was treibt so a Nordlicht Sprachuffwand,
Wenn-r saga will: Trenk net em Overstand,
Also: Sauf net so viel em dauben Diicht –
Nå merksch, dass r au so ebbes briicht,
Wenn-r rompalavert:
»Eindringlich seis euch offenbart:
Dieser Wein ist von erlesner Art,
Also – wohlgemerkt – von höchster Güte.
Schüttet den ja nicht, Gott behüte,
Gedankenlos in euch hinein.
Die Folge könnt nicht schlimmer sein:
Wer des Genusses nicht gedenkt,
Dem wird partout nicht nachgeschenkt!«
Mit so-ra Språch, då håsch dei Not,
Ach, hens mir Schwåba då kommod
Ond kommet net ens Labera nei,
Mir tätet saga:
*»Der Wei dåhanna isch **fei fei**,*
*Läpperet des **fei** Tröpfle **fei***
Net bloß zom Passletå so nei!
*Noe, bei so oem schmeckt mr **fei***
***Fei** jedem Schlückle hentadrei.*
*Tens, Freindla! Sonscht schenk e **fei***
***Fei** koem meh a zwoets Viertele ei.*

Hen-r-s gseha?
Des älles lauft doch då druff naus:
Mit **fei** bisch sprachlich »**fein heraus**«!

Schwäbisch »on demand«

Unter diesem geschwollenen Titel lief als Kabarettnummer ein spezieller Service des »Leistungskurses Schwäbisch« beim Mundarttheater »bühnastich« in Sternenfels. Auf Anfrage – meist von Zuwanderern und Landesfremden – wurde schwäbisches Vokabular geklärt. Eine wichtige Rubrik dabei war die saubere Scheidung leicht zu verwechselnder Paarbegriffe.

Lalle ond Låle

Ein Lalle und ein Låle,
Glaubt so a reigschmeckts Måle,
Aus Potsdam ein Herr Reiche,
Des sei doch ogfähr s Gleiche!
s Gleiche? Du tätsch me stärka.
Nix isch! Des muasch dr merka:

Also, pass uff: ein **Lalle**
Isch ein kompletter Dralle.
Bei dem isch net viel z'macha,
Weil: er isch net recht bacha,
Zom Gscheitle net erkora,
Will saga: domm gebora
Ond dåbei standa blieba.
A Lalle, so ståhts gschrieba,

Isch geischtig koe Komet,
Noe: plomp, eifältig, ogschickt – sprich: halt a bissle bleed!

Au dr **Låle** machts oem schwer –
Weil er kommt von »laulecht« her.
Bloß isch sei Diagnose
A total andre Chose.
Bei ehm krankts meh an sellem:
A Låle isch z' müad zu ällem,
Isch langsam, tuat koen Rucker,
Ond braucht zerscht mål en Schucker,
Sonscht tät 'r ganz verschlaffa
Beim Schwätza wia beim Schaffa.
Sei Wahlspruch macht oem Sorga:
»Komm e heut net, komm e morga«,
Des isch halt sei Manier –
Ich hoff, es dämmert dir
Ond stolpersch nemme en d Falle:
A Låle isch koe Lalle!

Freilich, s gibt Exemplar
– Se send no net mål rar –
Mit me bsondera Talent,
Dass se boedes en oem: Lalle ond Låle send!

Staffel ond Stega

Då jomert ein Herr Krauß,
Er kenn sich nemme aus:
Sei Wirte en Holzmada
(Er selber käm aus Bada),
Die häb em strikt befohla,
Dr Teufel soll's doch hola,
Er müaß fei boedes fega,
Die **Staffel** ond die **Stega**.
Jetzt wiss-r »nicht was machen?
Sind das verschiedne Sachen?
Ach, helfen Sie mir doch!«

Ha jå, dir will e helfa!
Då schlupfsch net naus zom Loch.
Bei ons kåsch de net wehra
Ond muasch halt älle kehra.
Des tuat ons Leid, Herr Krauß:
D Stega em Treppahaus
Oder au dia nuff zur Beehne –
Also … zum Dachboden, notabene.
Des hoeßt: die Treppa em Haus enna,
Då brauchsch de nemme bsenna,
Hoeßet Stiaga – oder Stega.

A **Staffel** isch drgega,
I schwätz då fei koen Bäpp,

Zwår gradso eine Trepp,
Aber doch net s Gleiche, noe –
Vielmeh oene aus Stoe,
Für normal drzua em Freia.
Allerdengs, då muasch verzeiha,
Au dia en Keller nonter.
Am beschta putzsch älle bsonder,
I will drs gradraus saga:
Treppa, Stiaga, Staffla, Stega,
Nå kommet koene Klaga
– und uff deim Gschäft liegt Sega!

Ranza ond Wampa

»Hallo, ick schreibe mia Harald B. Jansen
Und fraje an: Wann sacht man schwäbisch ›Wampe‹ und wann ›Ranzen‹?
Seit ick als Ex-Berlina hia im ›Ländle‹ anjeheuert habe
Nennt diesa oda jena einjefleischte Schwabe
An meena Traumfijua die Rampe
Dat eene Mal ›Ranzen‹, denn wieda ›Wampe‹.
Ick dachte mia schon länga, ick höa mal Sie dazu,
Also, jetzt kläan Se mia man uff – wat jilt denn nu?«

Also, horch her: ein **Ranza** moent zerscht mål oenerseits
Dr Korpus von ons älle – so zwischa Hals ond Kreuz.

So schmeißt des Bäuerle dr Rescht
Von seim Goeßbock en seim Jäscht
Em Liad von onsrer Eisabåh
»Em Kondukteur an Ranza nå!«
Also isch r was Stenknormals:
A Stück Leib – a ganz zentrals!
En dem Senn droht mr au em Groll:
»I hau dr glei dr Ranza voll!«
Oder mr jomert ond macht Gschrei,
Mr häb saumäßig s Ranzenwaih.

Doch kå dr Ranzen au – zom zweiten –
Einen viel z'dicken Bauch bedeuten.
Du brauchschs, dass du oem sagen kannscht
Er häb einen Riesawanscht,
En Mordsküahler, a reachta Gelta.
Au passt der Spruch jå gar net selta,
Dass oener en Ranza – gschmoechelt ischs net –
Wia dr Propst von Obermarchthal hätt.
Ond hangt-r-m drzuanå no, haha,
Wia a Plompsack über dr Gürtel na,
Ond kå-n-r vor Bauch schier nemme gamba,
Nå isch dr Tatbeschtand erfüllt: nå håt r eine **Wampa**!

Hilfe in der Reimnot

Sendschreiben eines schwäbischen Poeten an Robert Gernhardt, Peter Rühmkorf und Josef Guggenmos, die zuletzt allesamt beklagt hatten, dass die Hochsprache keinen Reim auf »Mensch« kenne.

Du schreibsch, dass du es kaum verwendsch
Ond es als schwere Schmach empfendsch,
So arg du dich au bsennsch ond bsennsch,
Wia zäh du dir au s Hirn auswendsch
– Natürlich dein Steputat* au kennsch –,
Dass-d-n halt net oms Verrecka fendsch
Em Hochdeutscha: den vielgesuchten Reim uff **Mensch.**

Drom då mei Wenk mit guate Wensch,
Dass-d-es mit Schwäbisch probiera könntsch
Bevor de von dr Dichtkonscht trennsch,
Resigniersch ond romfaulenzsch,
Vielleicht vor Wuat åfanga spennsch,
Em Jäscht dei Manuskript åzendsch,
Vom Dichterhemmel voll verschwendsch –
Am End no en dei Oglück rennsch.

---

* Willy Steputat, Reimlexikon, Stuttgart (Reclam) 1997.

Noe, dass d vor Schreibluscht wieder brennsch,
Mit deine Vers ond Stropha glänzsch,
Indem du Reim auf Mensch kredenzsch,
Mit deiner Konscht d Leut no so blendsch,
Mit Dichterlorbeer dich bekränzsch,
Zom Schluss no Lyrik-Preise gwennsch,
Weil jetzt woesch – fascht –– zwoe Dutzend Reim uff
Mensch!

Neue Mundart

Else Scheuerle-Kober, Preisträgerin im Dichter-Wettbewerb »Mundart 2004«, Vertreterin der Gruppe »Neue Innerlichkeit« und fanatische Verfechterin streng reimloser Poesie, über ihren Schreibdrang.

A Zettele nemma ond en Blei,
Naussitza uff mei Terrass,
Oefach dåsitza,
Gar net groß romgrübla . . .
Nåschreiba, wias grad über me kommt,
Was irgendwia rauswill,
Was scho lang en mr gschafft håt,
Was e partout nemme verheba kå,
Was e scho lang amål han saga wölla,
Was nemme guat tuat ennadren,
Was zoegt, wias en mir aussieht!

Nåschreiba, nåschreiba!
Au wenns koe Sau intressiert.

Gschwolles Gschwätz

Was die Koryphäe in Forschungsreihen
Ermittelt und huldreich dann dem Laien
Und interessierter Leserschaft
Als letzten Stand der Wissenschaft
Mit großer Geste weiterreicht,
Macht, dass uns das Gefühl beschleicht
Dann und wann bei der Lektüre,
Dass dies, was man hier wortreich küre
Als Gipfel der Gelehrsamkeit,
Wohlbekannt sei weit und breit –
Seit alters schon mit festem Platz
Ganz schlicht in Volkes Weisheitsschatz,
Und insofern wohl kein Knüller,
Sondern im Sinn von Friedrich Schiller
– Auch den hat dies einst sehr gegrämt –
Ein alter Hut, nur schön verbrämt.
Der Dichterfürst ins Stammbuch schrieb
Dem eitlen Wissenschaftsbetrieb:
»Der Schnee macht kalt, das Feuer brennt,
Der Mensch geht auf zwei Füßen,
Die Sonne scheint am Firmament,
Das kann, wer auch nicht Logik kennt,
Durch seine Sinne wissen.
Doch wer Philosophie studiert,

Der weiß, dass, wer verbrennt, nicht friert,
Weiß, dass das Nasse feuchtet
Und dass das Helle leuchtet.«
Jetzt, in ähnlich banaler Spur
Erschien unlängst, was man erfuhr
In renommierter Fachzeitschrift,
Was Hautrötung durch Wein betrifft.
Der lös in der Gesichtsregion
Aus die »Vaso-Dilatation«,
Sprich: eine Öffnung der Gefäße,
Und der dem Phänomen gemäße
Effekt, zu welchem dies dann führe,
Sei, dass sie ins Rötliche tendiere,
Die Hautfarb, was in besondrem Maße
Sich zeig an chronisch roter Nase:
Ein untrügliches Symptom bei jenen,
Die ausschweifend dem Weine frönen.

Gleiches erklärt sich kurz und bündig –
In unserer Mundart wird man fündig,
Denn statt gespreizter Wortkadenzen
Hält dafür schmucklos're Sentenzen
Das schwäbische Spruchgut längst parat. –
Es trifft die Lage akkurat,
Wenn es von einem Weinzahn sagt,
Egal, ob's diesem auch behagt,
Schnörkellos, gradraus, wenig kokett:
»Von z'enge Schuah håt der sein rota Preschtleng net!«

Zauberwörter

I kå-n-en bloß råta: Gucket Se em Fernseh net bloß so Zeug
wia d »Lindenstraße« ond dr »Musikantenstadl« å,
Noe, dass mr em Bild isch, Bescheid woeß, mit Niffo überall
mitschwätza kå,
Ischs not, dass mr-n net nauslässt, gar koe Fråg,
Bei dera Illner, dem Plasberg, dr Anne Will, fascht äll Tag
so en Tååk.
Sonscht isch bei vielem en dr Glotze doch ällamål schad om
d Zeit –
Då net! Weil, wann hocket scho amål sechs, acht blitzgscheite
Leut
Uff oemål am Raundteibl oder em Reng rom zema
Ond saget oem sei Moenong zu de brandhoeße Thema,
Ond schwätzet – oes wias ander – grad ådruff will e naus,
Net bloß oefach drher, noe, drücket sich nobel aus?
Grad dådrwega verpass e koe Maischberger, koen Elstner
ond koen Backes
Weil i versprich mr halt ond hoff: Wenn e Glück han, jå, nå
pack es
Uff dia Art. Onser Chef håt doch tatsächlich seine
Mitarbeiter,
Von wegen eines künftigen Aufstiegs uff der Karriereleiter
– Mir mit meim Schwäbisch sag er's unverhohlen –
A Sprechtherapie ond a »Rhetorik-Coaching« anempfohlen.

Ond seither leg e mr bei jeder Tååkschau an mei Plätzle
Då, mei schlaues Heftle: »Enderles Tååkwortschätzle«.
Mr glaubts schier net: Alloe von zwoe Täg des Resümee –
Geschtern vom Beckmann, heut vom Johannes B.:
»*Wenn Sie so wollen*« – des wird recht;
»*in aller Deutlichkeit*« – au net schlecht;
»*ich gehe davon aus*« – secht mr scho lang;
»*nicht darstellbar*« – isch neu em Schwang;
»*gerade mal*« – dr letzschte Schrei;
»*schlicht und ergreifend*« – des tuat fei;
»*mit uns nicht zu machen*« – liegt em Trend;
»*man muss es schultern*« – moents Mänitschment;
»*auf Augenhöhe*« – hört mr gern;
»*fokussieren*« – ganz modern;
»*zutiefst überzeugt*« – macht sich arg guat;
»*evaluieren*« – wia des gschwolla tuat;
»*gut aufgestellt*« – ja, was denn sonscht;
»*Profile schärfen*« – hohe Redekonscht;
»*zeitnahe Agenda*« – ganz was Schö's;
»*gefühlter Handlungsbedarf*« – au no des;
»*zielführend*«, »*geschuldet*« – s isch a Pracht;
»*in keinster Weise angedacht*«,
»*weltweit*«– oder glei »*global*«;
»*ergebnisoffen*« – kolossal;
»*durchgecastet*« – secht dr Mann von Welt;
»*mainstream*« – wer was uff sich hält;
»*im Zeitfenster*« – då kommsch groß raus;
»*Marktsegment*« – dåfür gibt's Schlussapplaus!

Ond so weiter ond so fort . . .

Jå: »Triffst du nur das Zauberwort« –
Scho onserm Eichendorff wars klar,
Nå bisch au scho dr große Star.
Drom: mach drs zom Brauch, zur guten Sitte,
Borg dr von onserer Talk-Elite,
Von dene prominente Leut
Die Zauberwörter onserer Zeit!

Bei mir håts gschnackelt! Mei Chef jedafalls, der håts kapiert:
Ich hätt mr ganz schö was åtrainiert,
Schwätz nemme so hausbacka, so bieder,
Hätts Zeug zu me Tomorrow-Leader.

Des wär jå älles gar net domm –
Bloß meine Spezel maulet rom,
Beim Stammtisch, meetigs em »Grüna Baum«:
Was los wär – mr verstand me kaum!

Geizig? Mir?

Bhäbsei wird jå für normal
Ons Schwåba nåchgsagt, ganz pauschal,
Was ons verzürnt, mr woeß doch: s geit
Geizhäls überall ond bundesweit.
Freilich: die Gattong isch, au des isch klar,
Bei ons em Ländle net grad rar.
Guckt mr sein Volksstamm näher å,
Nå stutzt mr: Vielleicht isch doch was drå?
Mir hättet då – welcher isch schlemmer –
Den Furz- sowie den Entaklemmer,
Dr Geizkraga, dr Brosamapicker,
Dr Klammhåk ond ganz schlicht den Knicker,
Dr Pfennigfuchser neberm Zwacker,
Dr Hornabsäger, Kågahacker*,
Dr Knauser ond dr Selberbhalter,
Dr Erbsazähler, Kümmichspalter
Ond so weiter ond so fort . . .
Wenn e dia O'nama so sichte,
Die ganze Latte Schempfschandwort,
Komm e ens Grübla: Hemmer am End doch a größere Dichte
An Landsleut von der bhäben Sort!?

---

* Einer, der in seiner Verwertungswut auch noch aus dem Strunk (dem Kåga) des Krautkopfs ein Gemüse gewinnt.

Französisch? Haufaweis!

Ein Trostbrief mit Bestandsaufnahme des mundartlich eingemeindeten Französisch – aus gegebenem Anlass verfasst, als der baden-württembergische Kultusminister eine gerichtliche Niederlage einstecken musste und die Stuttgarter Zeitung titelte: »Rau scheitert mit Pflichtfranzösisch«.

Verehrter Herr Minischter Rau,
Was mr heut håt müssen lesen,
Des war jå scho ein Super-Gau!
Also ischs doch nix gewesen:
Sie ischt vom Tisch ond ***battet*** nicht,
Ihr Rheinschienen-Französisch-Pflicht,
Weil nagschnappt send Se vor em Gricht,
Ond sogar d Parteifreind klagen,
Jetzt seien Sie schwer angeschlagen,
Ihr Erlass sei Maklatur,
Då gäbs bloß oes: ***tutswit retour!***

Teuer ischt jetzt guater Rat –
Oen hätt ich für Sie parat:
Klappt se net ***fråschmå***, Ihr Aktio',
Oe Hentertürle bleibt En no:
Ich han mir denkt, s wär gar nicht bleed …
Also, ich breng als Vorschlag aufs ***Tapet***,

– Für Badener, måg sei, erschreckend:
Schwäbisch-Kurse flächendeckend,
Weil mr doch woeß, mir send ganz ***Wife***
Ond schwätzet »Le Français« inklusive.

Mit Schwäbisch wär Ihr schös Projekt
Wia gsagt ***tutmäm*** abgedeckt.
Ganget Se doch onsrer Mutterspråch
Dusmå, dusmå amål nåch
Ond kommet Se mr net en ***Raasch,***
Se sparet sich a ***Grå-Blamasch***.
Ich hoff, mei Tipp isch nåch Ihrm ***Gu***
Ond macht Se net ***konfus, schalu***.
Schö wärs, wenn Se mich net ***schasset,***
Noe, ***partu*** zammaklauba lasset,
Se werdet seha, dass es net bhäb isch,
I sag mål so: onser **Franzäbisch**.

Wo fanga mr am beschta å?
Em Ernst ond net zom ***Passletå***:
Mit em ***Patscher*** (von *battre*) ond ***Bagasch,***
Dr ***Plafo*** natürlich ond d ***Pussasch,***
Dr ***Potschamber,*** s ***Biffee*** ond a ***Pries***le,
Dr ***Rullo,*** d ***Bredullje,*** samt em ***Schmies***le,
Fidel (für lustig, gspäßig, heiter),
I hans ***pressant,*** weil s gåht no weiter,
Aus dr ***Lamäng,*** s ***scheniert*** oen schier,
I hoff, s macht ***tuschur*** no ***Pläsier,***

Hätta mr då no, s passt uffs Härle
d ***Visasch, flaniera,*** s ***Etaschärle,***
Ach, dr ***Deez*** no (von la tête),
Guggomer, Gautsch ond die ***Lafeet,***
s ***Kanapee,*** d ***Kurasch,*** s ***Malär,***
Dr ***Loschiherr*** vom ***Partärr,***
Dr ***Schwitje,*** s ***Trottwar,*** dr ***Suterai,***
s ***Waschlafor*** fällt mr no ei,
Dr ***Schässlo,*** d ***Schees,*** d ***Migge, Zirenka,***
An ***Fissimatenta*** wär no z denka,
An ***Muckefugg*** (von mocca faux),
Ans ***Portmonee*** ond dr ***Perro,***
s ***Billettle,*** d ***Schalosi,*** d ***Ragall*** –
So, des war dr letzschte Schwall.

Schluss! Hand uffs Herz: Wär mei Method
Net ***propper*** ond als Schlupf ***kommod,***
Wia Sia s Reförmle retta könnet,
Ond d Leut sich uff ihr Schwäbisch bsennet?
Weil seit s mit dr Mundart nemme des isch
Vergesset se au no ihr Französisch,
Wo doch en onserem Dialekt
Haufaweis mit drenna steckt,
Will saga: beinåh ås de ganz,
Also ***ratzebutz*** (von rassibus),
So, jetzt könnet Se en Ihr ***Vakanz,***
Dåmit ***ade, adieu*** ond ***tschüs***!

Schiller kompakt

Ob mir no ebbes denkt vom Schiller? – Jetzt ten Se aber stät!
Wia wenn mr dia Sacha von onserm Dichterfürscht jemåls
vergessa tät!
Mr vrschwitzt jå viel en so re langa Zeit,
Aber doch net Schillers Werke! Noe, då isch mr älles no wia
heut …
Seine Stückla, dia scheene Vers, dia osterbliche Zitat –
Sein Schiller, den håt dr Schwabe doch sei Leba lang parat!
Was wöllet Se denn höra? Sie lieget mr älle no em Sinn:
Die Braut von dem Messina, dr Wallenstoe uff seim Lager,
die Jongfrau samt dera Millerin,
Die Birgerschaft, der Daucher, dr Reng vom Polikrátes, das
Liad von dera Schell?
Ond nå dia Gschicht mit dem Äpfel – des mit dem Wilhelm,
sellem Tell!

Wo fang e då au å? Se tuat mr grad weh, die Wahl!
I sag amål:
Bei dera oena Szene – i moen dia mit dem Tribunal:
Då ståht der Dionies, die frische Gsella ganget em zur Hand,
Neber der Form aus Lehm gebrannt,
Ond zwår droben auf des Daches Zinnen.
Züchtig waltet sei Hausfrau drweilsch drinnen
Ond guckt, dass Glanz kommt en ihr Hütte.

Dem Mohren gewährt r se net, dr Dionies, die Bitte,
Ond secht em, er häb sei Ärbet toa ond er könnt gangen.
Dia Räuber – des wär dr Fluch der bösen Tat –, dia häb mr
au grad gfangen,
Se wäret von dene Häscher scho en Bande gschlagen.
Vorbei seis mit dem Kampfe der Gesänge ond der Wagen,
Des Lebens ungemischte Freide sei für dia Feger jetzt em
Eimer,
Jå, mr häb se guat erkenna können seine Pappenheimer,
Weil dr See tät lächla ond taghell sei die Nacht gelichtet,
Vom Hibiskus die Kraniche, dia häb mr au scho gsichtet,
Dia wäret mittlen durch die hohle Gasse kommen,
Er häb zur Vorsicht liaber glei dia Axt em Hause gnommen
Ond lass dr Dolch no em Gewande stecken,
Weil gfährlich seis, den Leu zu wecken,
Ehn ekels vor dem Säkulum dem schlechten,
Mit koem meh sei ein ewger Bund zu flechten,
Då folg r liaber errötend der blassa Luise ihren Spuren,
Bloß Arm in Arm mit ihra käm r nomål auf Touren,
Aber nå lass r sich entschuldigen als Landvogt ond Tribun,
Ond er gedenk zerscht no einen langen Schlaf zu tun.
Nå zähl r gschwend die Haipter seiner Lieben, ond scho
gengs munter fort,
Zu Schiff nåch Frankreich, grad wia selbigsmål der Lord.
Der Not gehorchend sei er nå aus ällem hausen
Ond wende sich als Gascht mit Grausen.
Nå liaber renna, retta, flüchta über Nacht,
Weil s Auge des Gesetzes jå en dr kleinschta Hütte wacht.

Aber aller Täge Abend wärs no net, wenn er von dannen zieh,
Vielleicht dass no amål neues Leben aus den Ruinen blieh.

Hen Se-s gseha: fuffzg Jåhr nach dr Schualzeit, då isch no älles då!
Von de Kabalen, Stuarts Maria, den Minipiccolo fang e glei gar net å.
Wia mr dia älle no druff håt – jedes für sich ein Thriller!
Då isch ond bleibt der Schwabe firm: bei seim guata, alta Schiller!

Merke: Suacht oener en Sachen Schiller den Experten,
Schicket en zu mir! Dem Manne kå geholfen werden!

Schwäbisches Echo auf drei Fabeln von Jean de La Fontaine

Der Rabe und der Fuchs

Auf einem hohen Baum sitzt Meister Rabe,
Hält einen Käs im Schnabel fest,
Doch riechet unten Meister Fuchs die Labe,
Weshalb er sich so hören lässt:
»Ach, Herr von Rabe, guten Tag!
Wie seid Ihr doch so schön, dass man sich freuen mag;
Ja wahrlich, stimmen Eure Lieder
Zu Eurem prächtigen Gefieder,
So seid Ihr wert, dass man als Phönix Euch begrüße.«

Wie freut der Rabe sich, da diese Worte schallen!
Zu zeigen seiner Stimme Süße,
Tut er den Schnabel auf und lässt die Beute fallen.
Der Fuchs fasst sie und spricht: »Mein guter Herr, o wisst,
Dass jeder Schmeichler lebt und isst
Auf dessen Kosten, der ihn willig hört,
Die gute Lehre ist schon einen Käse wert.«

Der Rabe, ganz bestürzt, verlegen,
Schwört, etwas spät, ihn sollt nichts mehr dazu bewegen.

Dr Krabb ond dr Fuchs

Hoch uff me Boom, då hockt a Krabb –
En Riesabröckel Käs em Schnabel.
Den riacht dr Fuchs ond fährt druff ab,
Er flattiert nuff: »Ja heidasabel,
Dr Herr von Krabb, isch des a Freid,
So sieht mr sich mål wieder!
Dr Ällerschönschte weit ond breit
Send Ihr mit Euerm Prachtsgefieder!
Jå, mir will sei, i ben net bang:
So schö wias Kloed isch Euer Gsang,
Då tät e glatt druff schwöra –
Gang, lasset S'en mål höra!«

Wia Öl gåht des dem Krabba na,
Sengt en de höchschte Tö: »Kra, kra!«
Ond lässt dr Käs drbei, net faul,
Nahakla – grad em Fuchs vors Maul!
Der frisst en uff mit Hochgenuss –
Ond verklaubts em Krabb zom Schluss:

»Des merksch dr, Freind: A mancher heuchelt,
Wenn r dr nix als s Mulle streichelt.
Er fährt drbei am ällerbeschta –
Ond lebt kommod uff deine Köschta!

Dui Lehr koscht de koen gotz'ge Taler –
Noe, bloß a Stückle Emmataler!«

Wia ziagt dr Krabb sich aus dr Klemme?
Er secht sich: »Des passiert mr nemme!«

Der Frosch, der so groß werden will wie ein Ochse

Ein Frosch sieht einen Ochsen weiden,
Und schön dünkt der ihm von Gestalt.
Er, der kaum eiergroß, fängt an ihn zu beneiden,
Er bläht sich mächtig auf und dehnt sich mit Gewalt,
Weil gern er grad so groß wie jener wär.
Er spricht: »O Bruder, sieh doch her;
Ist es genug? Bin ich so groß? O sag es mir.« –
»Nein.« – »Aber nun?« – »O nein.« – »Ob es wohl nun gelang?«
»Du bist noch weit davon.« – Das jämmerliche Tier
Blies so sich auf, dass es zersprang.

Von solchen Toren voll ist diese Erdenwelt,
Die Bürger siehet man wie große Herren schalten,
Wie jeder kleine Fürst Gesandte hält,
Will der Marquis sich Pagen halten.

Dr Frosch ond dr Ochs

Dr Frosch hockt – oefach so – em Rasa,
Sieht neber sich en Ochsa grasa,
Guckt seit me Weile zua-n-em nom
Ond denkt sich: Åh, isch des ein Tromm!
Håt des Viech eine Mordsstatur,
Des hoeß e mr a Prachtsfigur.
Dass d Leut mein Jomer net verstehn,
I ben a Handvoll gega den!

Der Ranza, dui Anka, der Hals, der Grend –
Was mir doch kloene Würschtle send!
s isch schlemm: rengsrom Große, Starke, Wife,
Ond mir? Ons bleibt bloß d Froschperspektive.
Ach, hätt d Natur doch mit Bedacht
Ons Frösch halt au so stattlich gmacht!

Aber pass uff, Ochs, wart, i will dr:
I mach mein oegna Bodybuilder
Ond bläh me uff ond blås ond blås
Bis e nåkomm an dei Gardemåß! . . .
So, wird's so recht? Was, s lang no net?
Ob e net meh em Blåsbalg hätt?
Wart, i zoeg drs, sei net bang!
Dr Frosch, der pompt ond pompt so lang,

Bis – s isch tragisch, dr hätts könna wissa –
Mr ahnts: am Schluss håts en verrissa.

O je, so arg håts müaßa komma:
Jå, s håt sich scho mancher übernomma,
Bloß weil r gmoent håt, er wär z klei,
Ond er müaßt a ganz Großer sei!

Der Fuchs und der Storch

Gevatter Fuchs hat einst in Kosten sich gestürzt,
Denn den Gevatter Storch lud er zum Essen ein.
Die Mahlzeit war nicht reich und auch nicht sehr gewürzt;
Der Schlaue setzte ganz allein
Kraftbrühe vor, denn er lebt' sparsam stets zu Haus.
Auf flachem Teller ward die Brühe aufgetischt,
So dass Langschnabel Storch kein Krümchen hat erwischt,
Der Wirt allein leckt sie im Augenblicke aus.

Das hat der Storch ihm nicht vergessen,
Er bat ihn bald darauf zu sich zum Mittagessen.
»Gern«, sprach der Fuchs zu ihm, »denn unter Freunden ist
Umständlichkeit nicht angemessen.«
Geschwind lief er zur angegebnen Frist
Zum Storche, seinem Wirte, hin,
Lobt' dessen höflich feinen Sinn
Und fand die Speisen auserwählt.
Auch Hunger hatte er, der Füchsen niemals fehlt.
Er freute sich am Duft des Fleisches, das in Stücken
Schon fein geschnitten war und roch gar zum Entzücken.
Doch ward die Mahlzeit aufgetragen
In einer Flasche, die langhalsig war und enge;
Des Storches Schnabel fuhr hinein da mit Behagen,
Allein die Schnauze kam des Fuchses ins Gedränge.

Ganz nüchtern musste er heimkehren von dem Schmaus,
Beschämet wie ein Fuchs, den lacht die Henne aus,
Die Ohren hängend und den Schwanz ganz eingezogen.

Betrüger nehmt die Lehre draus:
Wer selbst betrügt, wird auch betrogen.

Dr Fuchs ond dr Storch

Dr Fuchs, für normal jå eh'r a Bhäber,
Gibt sich spendabel, secht: desmål gäb r
Was drå, ond er wöllt net so sei –
Er lad dr Storch zom Essa ei.
Bloß: prahlt a Knicker no so laut,
Er kå halt net aus seiner Haut:
Wenn r em Gascht mål was beschert,
Guckt r, dass der net zviel verzehrt.

So stellt dr Fuchs dem Adebar
Bloß a Brüah nå, denn ond klar,
Drzuanå uff me flacha Teller;
Dåmit ischs sonnaklar, dass seller
Mit seim spitza, langa Schnabel
Kaum was verwischt ond – heidasabel –
Mit Kohldampf, wias net ärger gåht,
Beim Reineke vom Tisch uffståht –
Derweil håt der, dåfür war deckt,
Sein Teller rutz und butz ausgschleckt.

Wart no, Freind, secht sich dr Storch, dir zoeg es,
Ond legt sich em hoemzuas scho sei oeges
Pläle zrecht: Dr ladet – scheißfreindlich ond jovial –
Tagsdruff omkehrt dr Fuchs zum Mittagsmahl.

Der kommt sich gschmoechelt vor, geehrt:
»Guck då: dr Storch woeß, was sich ghört«,
Lobt r ond saut, so gschwend r kå,
Zu dem Essa – isch punkt zwölfe då,
Sieht Floeschbröckel, medium, no a weng em Bluat,
»Åh, Storch, schmeckts bei dir amål scho guat«,
Schnalzt r, »mei Leibspeis! s isch a Traum!«
Bloß traut r seine Auga kaum,
Kås net glauba, isch ganz baff:
Dr kriagt, fei gschnitta – en re Art Karaff
Mit langem Hals – sei Floesch serviert,
Ond weil en sei Schnauz total geniert,
Brengt r – dia Ärbet ischt a Graus –
Koe Möckele aus der Buddl raus.
Dui isch zom Possa, s wär jå glacht,
Für en Storchaschnabel grad wia gmacht. –
Dr Gaschtgeber, der frisst wia toll
Ond haut sich drweil de Maga voll.

Dr Fuchs aber trottet nüchtern hoem! –
Merk drs: Verspart bleibt dia alt Lehr jå koem,
Tagtäglich kommt se uff dr Tisch:
Dass dr Bscheißer am End dr Bschissene isch.

Schwäbisches Echo auf Heinrich Heine

Der tugendhafte Hund

Ein Pudel, der mit gutem Fug
Den schönen Namen Brutus trug,
War vielberühmt im ganzen Land
Ob seiner Tugend und seinem Verstand.
Er war ein Muster der Sittlichkeit,
Der Langmut und Bescheidenheit.
Man hörte ihn loben, man hörte ihn preisen
Als einen vierfüßigen Nathan den Weisen.
Er war ein wahres Hundejuwel!
So ehrlich und treu! Eine schöne Seel'!

A Goldstück von ema Hond

Dr Strickle war rengsrom em Land
Als wohlerzogner Hond bekannt,
Tadellos en seim Betraga –
A Prachtsdackel halt, sozusaga.
Wo mr doch sonscht mit seiner Rass
Bloß Åständ håt ohn Onterlass:

Mr woeß doch: seine Artgenossa
Ten oem oft älles grad zom Possa.
Nix! Er macht als wahre Hundeperle
Tagtäglich nix als Freid, seim Herrle.
Ganz von dr treua, brava Sort,
Gåht schö bei Fuß, pariert uffs Wort;
Net dass r widerborschtig wär ond kendisch,
Sterich, liadrich, wetterwendisch –
Noe, älles, was mr sonscht als Makel
Kennt ond verübelt bei de Dackel
Kommt em Strickle net en Senn –
Koe Manko, wias viel andre hen.

Auch schenkte sein Herr in allen Stücken
Ihm volles Vertrauen, er konnte ihn schicken
Sogar zum Fleischer. Der edle Hund
Trug dann einen Hängekorb im Mund,
Worin der Metzger das schöngehackte
Rindfleisch, Schaffleisch, auch Schweinefleisch packte. –
Wie lieblich und lockend das Fett gerochen,
Der Brutus berührte keinen Knochen,
Und ruhig und sicher, mit stoischer Würde,
Trug er nach Hause die kostbare Bürde.

Mr håt-n, seim Herra zom Entzücka,
Sogar könna en d Metzge schicka!
Der Muschterhond vergreift sich neta,
Noe, er trägt em Maul en Krätta

Voll Floesch ond Würscht ond Knocha hoem
Ond håt – verklickera kåsch des koem –,
So guats au aus-m Korb rausschmeckt,
Onterwegs no net mål an was gschleckt!

Doch unter den Hunden wird gefunden
Auch eine Menge von Lumpenhunden
– Wie unter uns –, gemeine Köter,
Tagdiebe, Neidharde, Schwerenöter,
Die ohne Sinn für sittliche Freuden
Im Sinnenrausch ihr Leben vergeuden!
Verschworen hatten sich solche Racker
Gegen den Brutus, der treu und wacker,
Mit seinem Korb im Maule, nicht
Gewichen von dem Pfad der Pflicht. –

Doch send so edle Exemplar
Au en dr Hondswelt ehnder rar,
Au då håts grad gnuag Siach ond Spond
Sprich: regelrechte Lompahond,
Wo glüschtig lechzget, bloß druff passet:
Wia kriaga mr a Leibspeis z fasset –
Bullabeißer, Scheraschleifer,
Wo sonscht nix kennet als mit Eifer
Dr Völlerei nåchzganget juscht
Ond z frönet ihrer Gaumenluscht,
So gierig, dass en-s grad egal isch,
Wird die Beschaffong kriminalisch. –

Und eines Tages, als er kam
Vom Fleischer und seinen Rückweg nahm
Nach Hause, da ward er plötzlich von allen
Verschwornen Bestien überfallen;
Da wird ihm der Korb mit dem Fleisch entrissen,
Da fielen zu Boden die leckersten Bissen,
Und fraßbegierig über die Beute
Warf sich die ganze hungrige Meute –
Brutus sah anfangs dem Schauspiel zu
Mit philosophischer Seelenruh';
Doch als er sah, dass solchermaßen
Sämtliche Hunde schmausten und fraßen,
Da nahm auch er an der Mahlzeit teil
Und speiste selbst eine Schöpsenkeul'.

A ganze Bande so Kadetta
Lauret uffs Strickle ond sein Krätta
Eines Tags als Gaunertrupp,
Wia der grad mit ra Metzelsupp,
Mit Kesselfloesch, Bluat- ond Leberwürscht
Em hoemzuas durch sei Viertel pirscht.
Se fallet fürchtig übern her
Ond fresset em dr Krätta leer!
Vor Fressluscht hört mr dia Köter schmatza ond röchla
Verschlenget Bäckla, Rüaßela, Schwänzla ond Knöchla …
Dr Strickle sieht vom Metzelsüpple
Em Kandel grad no a oezechts Ripple

Ond denkt: Mei noble Abstinenz
Nutzt bloß der schlemma Konkurrenz.
Wenn älle fresset, weit ond breit,
Wem hilft då mei Enthaltsamkeit?
I ganz alloe wär am End bschissa –
Ond er verdruckt den Leckerbissa!

Moral

Auch du, mein Brutus, auch du, du frisst?
So ruft wehmütig der Moralist.
Ja, böses Beispiel kann verführen;
Und, ach! Gleich allen Säugetieren,
Nicht ganz und gar vollkommen ist
Der tugendhafte Hund – er frisst!

Strickle, au du?
Du frißsch mit sotte wüaschte Stromer?
Oh, arge Welt! Es ischt ein Jomer,
Beklagt sich då dr Sittawächter,
Då weist sich's, wia oen doch a schlechter
Omgang verdirbt, dass mr sich glatt vergisst:
Dr rechtschaffenscht Hond macht mit – ond frisst!

Schwäbisches Echo auf Ludwig Uhland

Schwäbische Kunde

Als Kaiser Rotbart lobesam
Zum heil'gen Land gezogen kam,
Da musst er mit dem frommen Heer
Durch ein Gebirge, wüst und leer.
Daselbst erhub sich große Not,
Viel Steine gab's und wenig Brot,
Und mancher deutsche Reitersmann
Hat dort den Trunk sich abgetan.
Den Pferden wars so schwach im Magen,
Fast musst der Reiter die Mähre tragen.

Dem Tross vom Barbarossa-Friederich,
Gåhts uff seim Kreuzzug einscht kreuzliaderich,
Jå, des war scho ällerhand,
Bevor se no ens Heilig Land
Bloß au oen Fuaß hen setza könna,
En dene Türkaberg, weit drenna,
Gibts nämlich, mr därf kaum drå denka,
Nix zom Veschpra, nix zom Trenka –
Koe Gräsle, koe Tröpfle Wasser, noe,
Nix als Sand ond Staub ond Stoe.

Nun war ein Herr aus Schwabenland,
Von hohem Wuchs und starker Hand,
Des Rösslein war so krank und schwach,
Er zog es nur am Zaume nach:
Er hätt es nimmer aufgegeben,
Und kostet's ihn das eigne Leben.
So blieb er bald ein gutes Stück
Hinter dem Heereszug zurück;
Da sprengten plötzlich in die Quer
Fünfzig türkische Reiter daher.

So schwach wia d Reiter send au d Klepper,
Mr frågt sich: Überståht des ebber? –
Jetzt oener, a Mannsbild en Perso',
Der lauft seim Schwåbabatalljo
Weit hentadrei scho seit me Weile
Ond ziagt sei rengs ond maudrigs Gäule,
Weils scho ganz lahmt ond nemme kå.
Dia zwoe send eh scho arg schlecht drå,
Nå sperrt en z'mål, dass Gotterbarm,
Dr Weag a wilder Türkaschwarm.

Die huben an auf ihn zu schießen,
Nach ihm zu werfen mit den Spießen.
Der wackre Schwabe forcht sich nit,
Ging seines Weges Schritt vor Schritt,
Ließ sich den Schild mit Pfeilen spicken
Und tät nur spöttlich um sich blicken,
Bis einer, dem die Zeit zu lang,
Auf ihn den krummen Säbel schwang.

Net, dass dia-n-en, wia sichs ghört, begrüaßet,
Noe, dia Donder leget å ond schiaßet
Ond schmeißet Speer ond machet Gschrei,
Ten grausig uff den Ritter nei,
Mr könnt grad moena – s wird oem bang –
Der wackre Schwåb machs nemme lang.
Aber der, wia wenn nix wär, gåht weiter,
Ond secht em währeda: »s wär gscheiter,

Ihr Weitag hauet ab, sonscht knallts!«
Oe Türk kriagt des en falscha Hals,
Moent wohl, mr nemm en uff dr Hebel
Ond fuchtelt mit seim kromma Säbel.

Da wallt dem Deutschen auch sein Blut,
Er trifft des Türken Pferd so gut,
Er haut ihm ab mit einem Streich
Die beiden Vorderfüß zugleich.
Als er das Tier zu Fall gebracht,
Da fasst er erst sein Schwert mit Macht,
Er schwingt es auf des Reiters Kopf,
Haut durch bis auf den Sattelknopf,
Haut auch den Sattel noch zu Stücken
Und tief noch in des Pferdes Rücken;
Zur Rechten sieht man wie zur Linken
Einen halben Türken heruntersinken.

Jetzt wirds au onserm Schwåba z domm:
»So håschs wölla, Mändle, komm –
Pass uff, Spitzbua, wia-n-es dir gib!«,
Haut mit seim Kampfschwert zua, net faul,
Amputiert mit ema erschta Hieb
Zerscht amål dem Türk sein Gaul,
Ond, vors dr Reiter no kapiert,
Isch er, der Länge nåch, au halbiert!

Da packt die andern kalter Graus:
Sie fliehen in alle Welt hinaus,
Und jedem ist's, als würd ihm mitten
Durch Kopf und Leib hindurchgeschnitten.
Drauf kam des Wegs 'ne Christenschar,
Die auch zurückgeblieben war;
Die sahen nun mit gutem Bedacht,
Was Arbeit unser Held gemacht.
Von denen hat's der Kaiser vernommen.
Der ließ den Schwaben vor sich kommen;

Des graust dr übrig Haufa so,
Se kennet bloß oes: nix wia drvo!
Se schlottret ganz nåch dene Schläg –
Bloß weg då, uff em schnellschta Weg,
Koe Aug meh hen dia Bergpirata
Uff ihren gspaltna Kamerada –
Noe, den fendet später en seim Bluat
Vom Kaiser a zwoete kloene Huat,

Dia hen vom Buckel vis-à-vis
Was mitkriagt von der Fechtpartie
Ond müaßt des Glanzstück von dem Helda
Schnurstracks em Barbarossa melda:
Er häb em Heer a wahre Perle,
Dr Kaiser druff: »Her mit dem Kerle!«

Er sprach: »Sag an, mein Ritter wert!
Wer hat dich solche Streich gelehrt?«
Der Held bedacht sich nicht zu lang:
»Die Streiche sind bei uns im Schwang,
Sie sind bekannt im ganzen Reiche,
Man nennt sie halt nur Schwabenstreiche.«

Wo mr so Mordsstroech lerna tät,
Nemmt en dr Rotbart ens Gebet.
»Dia? Dia sen bei ons em Bottwartal
Doch gang ond gäbe – stenknormal –,
Ond drübernaus rengsrom em Land
Als Schwåbastroech doch altbekannt.
Hauet mir druff, isch älles zspät,
Sia müaßtets wissa, Majestät,
Dass Schwåba, von Haus aus, a guate Handschrift hen –
Wo Sia doch au a halber sen!«

Die Lorelei – zweimal historisch, einmal neu

Heinrich Heine: Das Original

Ich weiß nicht, was soll es bedeuten,
Dass ich so traurig bin;
Ein Märchen aus uralten Zeiten,
Das kommt mir nicht aus dem Sinn.

Die Luft ist kühl und es dunkelt,
Und ruhig fließt der Rhein;
Der Gipfel des Berges funkelt
Im Abendsonnenschein.

Die schönste Jungfrau sitzet
Dort oben wunderbar;
Ihr goldnes Geschmeide blitzet,
Sie kämmt ihr goldenes Haar.

Sie kämmt es mit goldenem Kamme
Und singt ein Lied dabei;
Das hat eine wundersame,
Gewaltige Melodei.

Den Schiffer im kleinen Schiffe
Ergreift es mit wildem Weh;
Er schaut nicht die Felsenriffe,
Er schaut nur hinauf in die Höh.

Ich glaube, die Wellen verschlingen
Am Ende Schiffer und Kahn;
Und das hat mit ihrem Singen
Die Lore-Ley getan.

Lene Voigt: De Säk'sche

Ich weeß nich, mir isses so gomisch
Un ärchendwas macht mich verschtimmt.
S'is meechlich, das is anadomisch,
Wie das ähmd beim Mänschen oft gimmt.

De Älwe, die bläddschert so friedlich,
Ä Fischgahn gommt aus dr Tschechei.
Drin sitzt 'ne Familche gemiedlich,
Nu sinse schon an dr Bastei.

Un ohm uffn Bärche, nu gugge,
Da gämmt sich ä Freilein ihrn Zobb.
Se schtriecheltn glatt hibbsch mit Schbugge,
Dann schtäcktsn als Gauz uffn Gobb.

Dr Vader da unten im Gahne
Glotzt nuff bei das Weib gans entzickt.
De Mudder meent draurich: »Ich ahne,
Die macht unsern Babbah verrickt.«

Nu fängt die da ohm uffn Fälsen
Zu sing ooch noch an ä Gubbleh.
Dr Vader im Gahn dud sich wälsen
Vor Lachen un jodelt: »Juchheh!«

»Bis schtille«, schreit ängstlich Ottilche.
Schon gibbelt gans forchtbar dr Gahn,
Un blätzlich versinkt de Familche . . .
Nee, Freilein, was hamse gedan!

J. M. E.: De Schwäbisch

I woeß net, des will mr net nonter,
Mir ischs heut ganz drübernei,
s kå sei, nå wärs jå koe Wonder,
A alts Märle, des hangt mr no nei.

s isch neine ond donkel wills werda,
Uffm Necker schonkelt a Boot,
Grad onter de Felsagärta,
Bei Hess'ga em Abendrot.

Der Matros, der guckt vielleicht gschecket:
Uff dem Schrofa dort en dr Höh'
Hockt a Prachtsweib fatzanäcket,
Des macht en meschugge, o je.

Dr denkt: isch des net d Lore Bleyle,
Wo dåhoba sich sonnt so ganz blutt?
Nå tuat se doch nåch me Weile
Au no uff, ihrn strohblonda Dutt.

Se strählt sich em rosiga Dämmer,
Ond se sengt a Liadle drzua,
Ihr langs Håår, des håt goldiga Schemmer,
Jetzt ischs om en gscheha, onsern Bua.

Dr stiert bloß no nuff, anstatt dass r,
So vergafft mr em Hurra sich äls,
A Aug hätt fürs Schiff ond uffs Wasser,
Zu dem Staatsmädle droba em Fels.

Normal verzählt mrs jå nemme,
Von einscht so Gschichta, herrje,
Dia scho, weil s isch halt des Schlemme:
Mr woeß von dem Schiffer nix meh.

Håts en gschlenkert en dera mordsmäßga
Kurv? Ischt r en Necker neigheit?
Uff älle Fäll wartet se z Bes'ga
Uff den arma Kerle bis heut!

Schwäbisches Echo auf Adelbert von Chamisso

Die Weiber von Winsperg

Der erste Hohenstaufen, der König Konrad, lag
Mit Heeresmacht vor Winsperg seit manchem langen Tag;
Der Welfe war geschlagen, noch wehrte sich das Nest,
Die unverzagten Städter, die hielten es noch fest.

Der Hunger kam, der Hunger! das ist ein scharfer Dorn;
Nun suchten sie die Gnade, nun fanden sie den Zorn.
»Ihr habt mir hier erschlagen gar manchen Degen wert,
Und öffnet ihr die Tore, so trifft euch doch das Schwert.«

Da sind die Weiber kommen: »Und muss es also sein,
Gewährt uns freien Abzug, wir sind vom Blute rein.«
Da hat sich vor den Armen des Helden Zorn gekühlt,
Da hat ein sanft Erbarmen im Herzen er gefühlt.

»Die Weiber mögen abziehn, und jede habe frei,
Was sie vermag zu tragen und ihr das Liebste sei!
Lasst ziehn mit ihrer Bürde sie ungehindert fort!
Das ist des Königs Meinung, das ist des Königs Wort.«

Weibertreu

Anno 1140! – Jå, s isch a Weile her,
Seit d Weinsberger a args Malär
Ghet hen mit em Stauferkönig,
Em Konrad – dem wars nämlich z reng ond z wenig,
Dass r, am Necker dronta en dr Schlacht
Den Welfaherzog niedergmacht,
Wo selbigsmål, s isch ällerhand,
Chef war – z Weinsberg! Bei ons im Land!
Als Boejer! Eigentlich kaum zom fassa.
Drom håt en dr Konrad wissa lassa:
So, Freind, pass uff, s isch nix zom macha,
Mir machet koene halbe Sacha,
Du bisch gliefert, bisch schachmatt,
Du läsch ons jetzt au nei en d Stadt.
Mir lageret nemme lang drvor,
Noe, jetzt hoeßts: »Machet auf das Tor!«,
Sonscht hopfa mr über d Mauer nei. –
Wenn r parieret, wölla mr net so sei,
Ond nemmet bloß euch Kerle gfanga,
Will saga: d Weiber könnet ganga,
Ond era jeda wärs vergönnt,
Was-d-se traga ond verschleppa könnt,
So viel lass r zua an Schmuggel,
Von Hand, uff de Schult'ra, uff em Buckel,

Mitznemmet an Habe ond an Schätz.
De Mannsleut freilich gengs fei letz,
Dia hätt r, dr Roeh nåch, no z verklopfet,
Mit manchem no a Häahle z ropfet.

Und als der frühe Morgen im Osten kaum gegraut,
Da hat ein seltnes Schauspiel vom Lager man geschaut;
Es öffnet leise, leise sich das bedrängte Tor,
Es schwankt ein Zug von Weibern mit schwerem Schritt
hervor.
Tief beugt die Last sie nieder, die auf dem Nacken ruht,
Sie tragen ihre Ehherrn, das ist ihr liebstes Gut.

Doch müaßt d Belag'rer – net zom B'schreiba,
Sich zerscht mål ghörig d Auga reiba . . .
Sehn se denn recht: em erschta Dämmer,
Kommt då der ganz Zug Frauazemmer
Ond trägt – baff isch dr König samt de Schranza,
Koen Hausråt, noe: jede ihrn Alta buckelranza.
A manche kå schier nemme gamba,
Weil håt dr Gspons a reachte Wampa,
En Wanscht, en Ranza, rengsrom z fett,
Nå schaffts so a Hättele schier net,
A zierliche, a denna, schlanka,
Mit bald zwoe Zentner en dr Anka!
De oe oder ander kommt net weit –
Bloß grad no uff die sicher Seit.

»Halt an die argen Weiber!« ruft drohend mancher Wicht;
Der Kanzler spricht bedeutsam: »Das war die Meinung
nicht.«
Da hat, wie er's vernommen, der fromme Herr gelacht:
»Und war es nicht die Meinung, sie haben's gut gemacht;
Gesprochen ist gesprochen, das Königswort besteht,
Und zwar von keinem Kanzler zerdeutelt und zerdreht.«

So war das Gold der Krone wohl rein und unentweiht.
Die Sage schallt herüber aus halbvergessner Zeit.
Im Jahr elfhundertvierzig, wie ich's verzeichnet fand,
Galt Königswort noch heilig im deutschen Vaterland.

Jetzt vom König a paar Vertraute,
Obergscheidla, ganz vorlaute,
Dia hent vielleicht en Lebtag ghet:
»Majeschtät«, schreiet se, »des gåht doch net!
Wia håt ons könna des passiera,
Dia Manna müaßet mr kassiera!«

»Nix«, secht dr Konrad druff ond lacht,
Dia Fraua hens doch ganz schlau gmacht.
A Königswort, des ståht ond gilt,
Ond, machet euch doch mål a Bild:
Dia hens verdient ond s bleibt drbei –
Als Loh' für ihre Weibertreu!«

Ode an die Freude zum Schillerjahr 2009

Zum Preis unseres großen Landsmanns zu singen auf »Freude, schöner Götterfunken«. Beethovens Beistand verhilft normalerweise zu müheloser Entschlüsselung des Textes – wenn nicht, siehe angefügten Klartext.

1. Laster, Gling, Enn, Hooch, Fer, Ärte,
   Gäsch, De, Hei, Treng, Srom, Em, Sahl,
   Tass, Dih, Stie, Mong, Hai, Terr, Wärr, De,
   Ont, Där, Vro, Sin, Koh, Los, Al,
   Dis, Sen, Xang, Mitt, Laut, Ehem, Schal, Le
   Dass, Mr, Hrn, Heer, Tem, Gann, Sen, Näschd,
   Ond, Woes, Mihr, Beg, Ang, Et, Al, Le,
   Hochg, Esch, Tim, Tain, Bson, Tres, Väscht.

2. De, Sjå, Risch, Dee, Snet, Dr, Kni, Ler,
   On, Ta, Frai, Ta, Rih, Si, Ke,
   Vei, Re, Tä, Le, Fri, Trich, Schil, Ler,
   Rai, Gschmeg, Deon, Thie, Sicke,
   Dee, Shalp, Las, Set, Dpfro, Bfa, Ha, Gna, La,
   Lä, Re, Hett, Abr, Nett, Tsvil, Nai,
   Net, Dast, Mitma, Alm, Achz, Bal, La,
   Leu, Teschs, Juh, Bäl, Jåår, Scho, Ai.

3. Schtos, Et, Mi, Tmag, Uata, Drö, Bfle,
Åh, Uff, On, Sär, Kros, Sche, Nieh,
Ao, Asch, Wåb, Hå, Twa, Sem, Kep, Fle,
Ähr, Håz, Äl, Lez, Oegt, On, Twie,
Feir, Et, All, Tso, Feu, Ähärr, Trunk, En,
Onn, Zäh, Hern, Di, Chtär, Virschd, Mitt, Vleis,
Vrei, De, Schee, När, Gö, Tärf, Un, Kenn,
Schi, Lärs, Eil, Ob, Ähr, Ont, Breis!

Klartext: 1. Lasst erklingen, hochverehrte
Gäste heut rengsrom em Saal,
Dass die Stimmong heiter werde
Ond der Frohsinn kolossal,
Diesen Gsang mit lautem Schalle,
Dass mr-n hört em ganzen Nescht
Ond woeß: mir beganget alle
Hochgestimmt ein bsondres Fescht.

2. Des Jåhr, isch des net dr Knüller
Ond a Freid, a riesige,
Feiret älle Friedrich Schiller
Reigschmeckte ond Hiesige.
Deshalb lasset d Propfa knalla,
Leeret aber net z'viel nei,
Net, dass d mit ma Allmachtsballa
Läutesch s Jubeljåhr scho ei.

3. Stoßet mit ma guata Tröpfle
Å uff onser Großgenie,
Au a Schwåb håt was em Köpfle,
Er håts älle zoegt, ond wie!
Feiret also feuertrunken
Onsern Dichterfürscht mit Fleiß,
Freude, schöner Götterfunken,
Schiller sei Lob, Ehr und Preis.

Schwäbisch zwitschert

Die dpa-Meldung »Vögel pfeifen Dialekt« war Anlass, den Wechselgesang zweier heimischer Amseln auf Grundbausteine schwäbischer Kommunikation hin abzuhören. Den erfassten Gesangskaskaden, deren Melodie dem Couplet »Der Überzieher« von Otto Reutter zu folgen schien, wurde dieser mundartliche Klartext abgelauscht:

I: Gell, då glotzsch / Mi hauts om / I kå nemme / Pfiade Gott
Ja, wia gåhts / Ach jå, s tuats / Mr isch zfrieda / Sapperlott
So ein Glomp / Sei so guat / Om dr älles / Au no des
Wenn drs sag / Lass me ganga / Ha då denkt mr an nix Bös.

II: Schaff dei Sach / Då ståhts letz / Grad zom Possa / Ach, woher
Heb de å / Jetzt Gutnacht / Tua mr stät / I han Malär
I glaubs glei / Sag es net / Hemmel Stuagert / Meiner Seel
Tapfer mach / Denk an mi / Kaum drwert / Då gehn Se fehl.

I: Oh verreck / So a Gschur / Donderlattich / Sag mr no
Wart, dir tua-n-e drfür / Då moensch wonder was, hano
Mir ischs oes / Heidanei / Jå, des håt dr Teufel gsäh
So, då hemmers / No nix Narrets / Mach halt muh oder
mach mäh.

II: No net hudla / Liabe Zeit / So ein Lebtag / Schwätz koen Bäbb
Heiligs Blech / Mr woeß nia / Jå, jetzt mach me voll zom Depp
I schnapp nom / Desch mr arg / So was Gattichs / Tätsch mr net
Ha, nå steig mr en d Tasch / Hoppla / Wer net will håt ghet.

I: Oh, verhebs / Gang mr aweg / Oh, lass halta / s isch was drå
Ha jå freile / s isch wias isch / Nix for oguat / Då guck nå
Jetzt Grüßgott / Was isch botta / So, no gschafft / Jetzt grad
mit Fleiß
Jå, mr håt am Alta gnuag / Gell, nå braucht mr scho nix Neus.

II: So a Bäbb / Då ståhts letz / s isch zom Schiaßa / Ei, ei, ei
Jerom, jerom / Du mi au / Jå, nå semmer halt so frei
Trau schau wem / Pfeifadeckel / s isch mr ganz henterschefier
Ach herrje / Wart dir helfe / Då verbobbert mr jå schier!

I: Ällerhand / Machet nåre / Jå, des isch mir no wia heut
Emmer fleißig? / Schwätz net raus / Oh, was saget då au d
Leut?
Tätsch mr net? / Wias halt isch / Ha, mir håts doch wölla sei
Nia em Leba / I halt d Gosch / Jå, nå kommt mr en nix nei!

Sonett vom Darss

Der Strand verläuft hier schmal und länglich,
Insofern ist es un-umgänglich
Und zwingend, dass man sie passiere,
Diverse FKK-Reviere,

Wo füllig-beleibte bis zu hagern
Nackten stelzen, hüpfen, lagern.
Verheißt die Route also just
Unverhoffte Augenlust?

Mitnichten! Nach längerem Défilée
Neigt man zu strengerem Resümee:
Vertreten sind nur äußerst rare

Halbwegs astrale Exemplare –
Nein, der Darsser Durchschnitts-Núdist*
Bezeugt, wofür Verhüllung gut ist!

(So ist's denn pure Pietät,
Dass mir die Gattin dringend rät:
»Tua mr oen Gfalla, liaber Må,
Ond lass å bhäbes Hösle å!«)

---

* Aus Reimgründen ist hier falsche Betonung erwünscht.

Maultascha de Luxe

Mr kennt von einscht die alte Fehde:
s Schmalzrieds Hedwig, s Härles Grete,
s Brodbecks Gudrun, s Gaisers Nora,
s Leibbrands Else, s Schaibles Dora,
Hen sich könna arg ereifera,
Sich en d Håår kriaga ond geifera,
Hen Glaubenskriege führa könna,
En oenera Fråg sich ganz verrenna
Ond neisteigera en en arga Jäscht:
Welche Maultasch isch die bescht?
Mit Brät dia, dui mit Bråtarescht?
Mit grauchter Schenkawurscht? Mit Bauch?
Peterleng nei? Liebstöckel? Ebbes Lauch?
Mit Hackfloesch? Oder Peitschastecka?
Ond welches Quantom gwoechte Wecka?
Wieviel Spenat ond dämpfte Zwiebel?
Ond was mr durch dr Floeschwolf triebel?
Was mr an Gwürz han sott parat:
Pfeffer? Salz? A Pris Muskat?
Schwer gronga håt mr rond om d Fülle
Net gar so streng om Toeg ond Hülle:
Wia mr den knetet, wellt, verbebbt,
War klarer – aber Thema war stets s Grondrezept,
Nix Überkandidelts, nix Verstiegas,
Noe ganz Moderats, Normals, Gediegas.

Von Mödela, Trends ond Zeitgeischt: nix!
Heut freilich brauchts d Maultasch de Luxe.
Dia füllt mr – lies no nåch –, s isch arg:
Mit Blütensalat und Ziegenquark,
Mit Sauerampfer, Schweinemett,
Mit Ochsaschwanz – mr glaubts schier net,
Mit Mozzarella, Pomodore,
Mit Parmaschenka per favore,
Drzuanå – dass oe Mensch des fasse –
Mit era Blutwurscht-Walnuss-Masse,
Mit Hummer, Kabeljau ond Hecht,
Ond weiter – i glaub, i sieh net recht –
Mit Gänseleber, Entenbruscht,
Mit Brennnessel – då vergåht oem d Luscht –
Mit Trüffel, Morchla, Champigno',
Mit Kalbsbries in Balsamico,
Ragout vom Spargel ond, o je,
Mit Kürbis-Frischkäs, ghacktem Reh,
Mit Rote Bete ond mit Schnecka . . .
Jå müaßts tatsächlich, oms Verrecka,
Hondert gschuckte Füllana sei?
So Extravaganza, heidenei,
Passet zom Schwaben-Credo nicht:
Askese, Mäßigung, Luschtverzicht!
Se ghöret scho zur Lomperei,
Meh Sorta als die gwohnte drei,
Ond scho seit alters hoeßet dia:
Gröschtet, gschmälzt ond en dr Brüah!

Eintopf des Jahres

Überregionale Beachtung hat seit 2004 ein Glanzstück des schwäbischen Speisezettels gefunden, das in Berlin einer riesigen Gästeschar aufgetischt wurde. Der »Gaisburger Marsch« ist zum Eintopf des Jahres aufgestiegen, seit er – aus Anlass des Amtsantritts des neuen Bundespräsidenten – der Renner in einer wahren Volksspeisung vor dem Brandenburger Tor war.
Die Nachfrage nach der schwäbischen Spezialität und dem zugehörigen Rezept ist im Bundespräsidialamt seither so lebhaft, dass man sich dort zur Einrichtung einer besonderen »Beratungsstelle Gaisburger Marsch« entschlossen hat. Besetzt ist sie mit einer gestandenen Schwäbin, die sich des Ansturms von Interessenten in Sachen schwäbischer Paradeeintopf kaum noch erwehren kann.

Ja, Bundespräsidialamt, Beratungsstelle »Gaisburger Marsch, Yvonne Staudenmaier-Hirzele, ein herzliches Grüß Gott!
Wia hoeßet Se? Frau Sawitzki, aus Bottrop. Aha! *(Beiseite.)* Desch scho de dritt heut aus em Pott!
Wegen des Gaisburger Marsches ruafet Se å? Ich han mirs fascht denkt. Då send Se net alloe. *(Beiseite.)* Jesses, håts dia wichtig!
Doch, ich kenn mich aus: Hausfrau und Schwäbin, aus Hohenhaslich hierher abgeordnet, das CDU-Frauenfrühstück hab ich dort organisiert. Bei mir, då sen Se richtig!

Ach, Sie haben's im Fernseah gseah, vor em Brandenburger Tor, die Speisong der zwölfhondert.
Wia der neigfahra isch ens Gschäft, onser neuer Präsident – då hat sich mancher gwondert.

Dem Protokoll war ja nix zviel. Bei so me Eistand hat mr gsagt, då müsste älles passen.
Ond hat aus Tonbach, des ghört zu Baiersbronn, aus der »Traube« den Harald Wohlfahrt kommen lassen,
Den Drei-Sterne-Koch, der ischt ja sehr berühmt, ein Mann der Hoot Kusin!
Von dem en »Gaisburger Marsch«, des war dr Knüller bei dem Feschtessen en Berlin.
Des war ein Schwabenstreich vom Köhler, die »Tafel der Demokratie«!
Ond wieviel r au fertigbrengt de nächschte fenf Jåhr – den Eintopf vergisst mrm nie.
Des ischt ein Hauptkerle! Am dritta Tag lässt der-s scho richtig fatza,
De ganz Nation schreit seitdrher, wia Sia, nåch onsere »Kartoffelschnitz ond Spatza«.
War des net raffiniert: dr Kartoffelfriek aus Henterpommern, dr schwäbisch Spätzlesfrieder –
A jeder fendet sich em Präsidentaeintopf wieder!
Natürlich isch des Originalrezept vom Maître Wohlfahrt au die Quelle
Für des, was mir de Leut weitergebet, mir von der Beratungsstelle.

Also, passet Se uff, i sag Ihne per Einspielong, wia mr-n macht; z'lang könnet Se net en dr Leitong bleiba.
De nächschte wartet scho! Nemmet Se tapfer was zom Schreiba! …
Bedenka wega meim Schwäbisch hen Sie? Då brauchet Se keine Sorge han.
Meine Beratung erfolgt in Schriftdeutsch, ich war doch auf dem Gimnasiom – gut, wenn mr beides kann!

Meine Damen und Herren, mir von der Beratungsstelle begrießen Sie an unseren Telefonen,
Es folgt jetzt das Rezept von Chefkoch Wohlfahrt »Gaisburger Marsch für vier Personen«:
Also, werte Anrufer, vornendraus wärs gar nicht iebel,
Sie richtet gleich einmal hin, einen halbierten ungeschälten Zwiebel,
Wo der Patron vorschreibt – die Schnittflächen in Butter angebräunt.
(Descht so ein Mödele von ihm, aber mr machts halt, wenn er meint.)
Das bereite oenem zwar ein bissle extra Miehe,
Aber der Zwiebel sott dazuhinein, weil so krieg sie die recht Farb, die Briehe,
Die es jetzt anzusetzen gilt,
Indem man zwei Liter kalt Wasser in einen Hafen fillt,
(Hen Se-s?)
Sodann gebe man ein Pfund Ochsenbruscht hinein und schöne Suppenknöchle,

Ebbes Wurzelgemüs: Gelbe Rüben, ein Bröckel Sellerie,
Pfeffer ond Salz, dann koche man sie auf, die Brieh,
Und gucke, dass alles 2 Stund auf dem Kleinsteller weiterköchle
(Kommet Se no mit?),
Dann abseihen, das Fleisch herausentnehmen und in Würfelein
schneida,
(Die stellt mr, bis mrs später braucht, uff d Seita.)

Jetzt die Kartofflen: ein Pfund roh,
Mit denen mache man es so:
Schälen, in Schnitz verschneiden, in der Fleischbrüh kochen, om
die zwanzg Minuten.
Ja, und dann heißt es sich fahnenmäßig sputen,
Weil 's fehlen noch ganz wichtige Sachen –
s ischt höchste Zeit fürs Spätzlemachen.
Nicht verschrecken! Sia werden seha: das gåht ruckzuck.
Auch wenn die fertige streng verbotten sen – ich meine die aus dr
Guck.

Also zum Teig …
(Übrigens: Schreiben Sie Spätzlesteig, nicht Spätzleteig, mir sagen
den Leuten äls,
Es sei halt wie bei Viertelesglas, Kohlräblesgmüs ond Träublesgsälz.
Hahaha, gell desch nett, so a Späßle zwischanei!)
Also, für den Spätzlesteig kommt das Folgende jetzt in eine Schüs-
sel nei:

Mehl, ein Halbpfond, zwei Eier, ein Achtele Wasser – aber kalts!
Und ein gestrichenes Kaffeelöffele Salz,
Dadraus schlagen Sie nunmehr mit dem Rührlöffel ein feschtes Teigle
Ond geben Obacht, des heißt, Sie haben ein besonderes Äugle
Auf den Moment, wo Blasen uffsteigen und entweichen,
Weil von jetzt ab können Sie Ihrn Teig batzenweise, will sagen: in Portionen auf ein nasses Spätzlesbrettle streichen,
Und mit me breiten Messer in dünnen Streifelein in siediges Wasser schärren,
Aus welchem sie als Spätzla mit einem Seiher rausglupft, sprich: herausgehoben wärren,
Nachdem sie an die Oberfläche hochgestiegen send.

Damit, verehrte Anrufer, wären wir schon am End,
Weil dadrnach schichten Sie bloß noch Fleisch, Spätzlein und Kartoffelschnitz
In eine Suppenschüssel, geben der Brühe noch ein bissle Hitz,
Leeren sie drüber übers Ganze, tun bloß noch obendruff gebräunte Zwiebelreng
Und zom Garnieren noch ebbes frischen Peterleng,
Womit Sie ehn krönen und vollenden,
Den »Gaisburger Marsch nach Art des Präsidenten«!

Send Se mitkomma? Den Nåma »Gaisburger Marsch« fendet Se ulkig?

Sia hen eher an a Musikstück denkt? Jå, die Sandra Maischberger em Fernseha håt jå au bös romgstottert, des war sauglatt! …

Guat, i verzähls Ihne no gschwend, was 's dåmit auf sich hat.

Also: Gaisburg, des isch ein Stuagerter Viertel, Sie müaßt sich vorstella: vom Stöckach nuff, vorbei am Karl-Olga-Krankenhaus,

Wenn man nå weitergåht Richtong Gaskessel, no vor der Neckerbrück, kommt mr en Gaisburg raus. (Ischs klar soweit?)

Ond då hat es zu Königszeiten vor dem 1. Weltkrieg das Wirtshaus »Bäckenschmiede« geben.

Ond drzua eine Garnison en dr Bergkasern – net weit weg, des hoeßt: glei drneben.

Ond weil dort en dr Kantine s Essa so liadrich – also scheußlich war,
Deswegen hen sich – so oft se Ausgang ghet hen – immer ein paar
So Nåchwuchsoffizierla zammatoa ond sen en Reih ond Glied, dass 's dienschtlich ausgseha håt, schnurstracks en d »Bäckenschmiede« neimarschiert
Ond hen dort die Spezialität des Hauses, a Schüssel von dem Kartoffel-Spätzles-Siadfloesch-Eintopf schnabuliert. (Isch des net luschtig?)
So håt die schwäbisch Leibspeis ihren Nåma kriagt:
Gaisburger Marsch! Nåch dera Fähnerichskolonne, wo em Gleichschritt schneidig durch Gaisburg en ihr Lieblingswirtschaft ziagt.

So, nå wär des au gschwätzt. Jetzt wisset Se älles bis uffs Würzele.
Fröhliches Kochen! En Guata, Grüße vom Präsidenta ond Ihrer Eintopfberaterin

Yvonne Staudenmaier-Hirzele

Ernüchterung im Weinkeller

Zu singen nach der Melodie »Durchs Wiesatal« von Friedrich Silcher (1789–1860)

En Weikeller gang i jetzt na,
I hoff eba, s isch no was da*.
Doch was hilft oem då s Hoffa?
Mir hen halt grausig gsoffa!
Ond schlemm isch-es, was i då seh:
I han jå koen Trollenger meh!

Aber s isch mr jå weiters egal,
I gang halt ans nächschte Regal,
Då müaßt no Stücker sieba …
Ja, wo sen dia denn blieba?
Ganz arg isch-es, was i då seh:
I han au koen Schwarzriesling meh!

Nå guck e halt grad visavie,
Då war doch a ganze Batt'rie …
Ja der Deifel solls hola:
Dia håt mr oener gstohla!
Ond furchtbar isch-es, was i då seh:
I han au koen Dornfelder meh!

Ganz henta, då müaßt no was sei.
Wenn net, nå isch älles vorbei …
Oh jehe: älles leer!
Isch des a Malär.
A Schrecka isch-es, was i då seh:
I han au koen Lemberger meh!

Oh, Leut, er isch weg, dr ganz Wei,
Ond mir, mir ischs ganz drübernei.
Koen Saft meh von Reba –
Narr, då mågsch nemme leba!
I glaub, i versäuf me em See,
Weil em Wei, då gåhts jå nemmeh*!

---

* Sicher zeugen das unschwäbische **da** in der ersten Strophe und das **nemmeh** ganz am Schluss von akuter Reimnot – sie machen das Ganze aber skurriler und sollten sogar extra betont werden.

Montagsrädla

Seit alters lernet d Schwåbamädla
Von dr Oma, von dr Tante
Für »Saure Kartoffelrädla«
Die preiswert Montagsvariante:
A billige Lösong ond bequema –
Mr leert drei Rescht vom Sonntich zema,
Meh braucht mr dåzua fascht net to …
Ema Rezept von früher liest sich's so:

Die restliche Fleischbrühe und Bratensoße vom Sonntag mischen, einen mit Nelke und Lorbeerblatt gespickten Zwiebel und den übrig gebliebenen Kartoffelsalat dazugeben und alles miteinander 15 Minuten köcheln lassen.

Ja: pfleglichen Umgang mit Ressourcen
Lernet mir net en Hochschulkursen,
Den hen mir – s isch anders als bei den und jenen
Verschwendern – quasi in den Genen.
So macha mr Supp von alte Flädla
Ond eba onsere »Montagsrädla«,
Weil dreifach gspart isch bei der Tour:
Dr Eikauf, s Gschäft ond d Müllabfuhr.

Mei »Saurer Bråta«

Aus dem Köchel-Verzeichnis des Johann Martin Enderle, eingereicht zu der vom Kunstmaler Karlheinz Groß besorgten Prachtausgabe seiner Rezeptsammlung »Malzeiten. Persönlichkeiten und Freunden in den Topf geschaut«.

So isch se mr no nia vergråta,
Mei Leibspeis, sprich: mei Saurer Bråta.

So drei Pfond passends Rendfloesch bad e
A Woch lang en re Marinade.
Für dia nemmt dr gewieft Genießer
Anderthalb Liter Portugieser
– Au a Trollenger tuats zur Not –,
En dene versauft s Floesch kommod
Samt Beigabe, weil s müaßt zom Wei
No Lauch- ond Zwiebelstückla nei,
Sellrie- ond Gelbe-Rüaba-Bröckel.
Bevor mr dr Klarsichtfoliadeckel
Drüberziagt, fehlet au no, bittesehr,
Nelka, Piment, Wacholderbeer,
Lorbeerblätter, Pfefferkern.

Nå ståht dia Schüssel guat ond gern
Sechs, sieba Tag an kühlem Ort.

Erscht dådrnåch gåhts monter fort:
s Floesch rausnemma, trockatupfa,
A Kachel uff dei Herdplatt lupfa,
Speckwürfel, a Butterstück erhitza,
A bissle Tomatamark nåspritza,
s Floesch nei ond von älle Seita
Guat åbråta – so kå-n-e-s leida.

Nå ablöscha mit dr Marinad –
Dr ganza! Weil für den Wei wärs schad.
Jetzt brauchsch des älles, s wird dr passa,
Bloß onterm Deckel schmora lassa
Bei milder Hitz, an de zwoe Stond.

Es wird dich freia, alter Spond,
Weil beinåh bisch scho aus em Schneider.
Mit a paar Griffla gåhts no weiter,
Aber dia sen nå voll ganz schnell gscheha –
Des bissle machsch em Handomdreha:

s Floesch raus, weil s scheniert oen bloß
Beim Weiterschaffa an dr Soß.
s Gwürz, dr Speck ond s Gmüas rausfischa:
Då hoeßts älles guat verwischa.
Bevor mr s wegschmeißt ond verliert,
Wird s Woeche drvo durchpassiert.
A bissle Dicks isch also dren,
Aber des Ganze isch no z denn!

Willsch, wia sichs ghört, dei Werk vollenda,
Muasch dei Sößle jetzt no benda.
I machs – für manchen håts a Gschmäckle –
Mit Soßapulver aus em Päckle
Ond verklepper gega Schluss
Saure Sahne mit me Schuss
Träublesgelee ond rührs dreinei.

Sotts nå no a weng säurer sei,
Nå kå mr dåfür no was to'
Mit Aceto balsamico!

So, jetzt hoeßt sichs aber spuata:
s Floesch uffgschnitta! Soß drüber! En Guata!

Onser Guatslesnorm

Gang mr aweg – s isch nemme des!
Gucks å, dia Schicki-Micki-Gäs,
Narr, bei dene feine Krotta
Isch henta ond vorna nix meh botta!
Dia grausts scho vor de rengschte Sacha,
A Schand: au vor em Guatslesbacha!
s verwirklichet dia Jongdarsteller
Sich selber, bloß koen Guatslesteller.
Wo sollet-se-s au herhan, die Dämla dia,
Viel send ja net amål von hia!
»Gutlsebacken? Nicht doch, solche Mätzchen!
Wenn, dann von Feinkost-Böhm die Plätzchen!«
Hör dr des å – då merksch: koe Spur
Von alter schwäbischer Leitkultur:
Ausstecherla? *»Die mocht' ich nie!«*
Rosinabrötla? *»Braucht man die?«*
Vanillhörnla? *»Da üb' ich gern Verzicht!«*
Haselnussstängela? *»Kenn ich nicht!«*
Anisbrötla? *»Sie denken etwa, sowas ess ich?«*
Mandelmakrönla? *»Viel zu stressig!«*
Honiglebküachla? *»Besorgt mein Mann!«*
Albertla? *»Tu ich mir nicht an!«*
Schokladmüschala? *»Huch, die Kalorien?«*
Sprengerla? *»Misslingen gern, sind sehr verschrien!«*

Butter-S-la? »*Nee, bin schon zu mollig!*«
Pomeranzabrötla? »*Po-me-ran-za! Einfach drollig!*«
Bäratatza? »*Wohl altschwäbische Manier?*«
Zemtstern? »*Nee, die spar ich mir!*«
Spitzbuaba? »*Schon der Name stört!*«
Katzapfötla? »*Nie gehört!*«
Spritzbackas, wärs no, Hägenmarkmakronen . . .
»*Es reicht! Bitte mit weiterm mich verschonen!*«

*

Verschonen! D Leut sen – ihr sehns – nemme konform
Mit dr alta schwäbischa Weihnachtsnorm.
Dia 18 Sorta waret s Mendescht –
Guck rom, wo d dia heut no fendescht.
Vergessa isch, so viel isch klar,
Was früher mål Guatsles-Standard war!
Doch onser Schlachtruf hoeßt zom Trutz:
»Den Zemtstern onter Artenschutz!«

Offene Kirscha

Ein Rentnerehepaar an der Obsttheke im Supermarkt – nach einem authentischen Lauschangriff.

ER
Hilde, komm her: Heut hemmers mit de Kirscha troffa:
Bloß no en Euro fuffzeha s Pfond! Ond net abpackt, so wia mrs gern hen: offa!

SIE
Jå, en dene Schäla, då håt mr doch ällaweil en Haufa Gruscht mit dren,
Aber so sehet mr drzua ond wisset, was mr hen!
(Fasst Kirschen ein.)

ER
Ach was, Hilde, doch net mit dem Schäufele! Da ganget dr viel zviel schlechte naus.
Mr gehn uff Nommer sicher ond suachets oenzeln raus.

SIE
Då hemmer z'tont: Kirscha soweit de siehsch! Ganze Paletta.

ER
Aber guck mr genau nå – viel gscheite håts då neta.

SIE
I werds scho deichsla, dass e de schönschte triff,
Mr håt jå grad gnuag Auswahl – i tua amål en Griff!

ER
Dia net: Kaum Floesch, nix drå – des kå jå wohl net sei!
Dia au net: Måsa vom Hagel! Schmeiß die jå wieder nei!
Då: sotte muasch nemma – ganz pralle, ohne a Mäckle.
So müaßt se sei! Bloß sotte füllsch mr fei ens Säckle!
Doch net die oreif Denge, siehsch net: die isch viel z bloech.
Ha, *zu* donkel au net! *Die* Sort isch wieder z woech.

SIE
Wenn de moensch …

ERICH
Ond pass mr jå uff, dass se koe Löchle hen,
Weil sonscht håts garantiert Bewohner ennadren.
Ond koene nemma mit me dürra Stiel,
Weil sotte send net frisch ond tauget nemme viel.
Ond dia uffgspronga glei gar net, dia isch au faulig ontarom.
So, dia paar guate hemmer rauspickt, des kå au langa,
komm!

SIE
Also uff d Wåg drmit! Des Gückle håt no Platz uff onserm
Kärrele, dem volla.
Was moensch: Hätta mr net doch a Kirsch versuacha solla?

ER
Recht håsch! I probier mål oene . . .
Ha, die schmecket jå nåch gar nix – sowas von fad!

SIE
Ha, då wärs für jeden Euro schad!
So gåhts jå net, aber mir hens no gmerkt zom Glück.

ER
Doch net mit ons! Gibs her, mir leerets zrück!

Mr secht grad s Nötigscht

Vier authentische Lauschangriffe

1. Pausengespräch im Schauspielhaus

Sehr progressive Maria-Stuart-Inszenierung, die das Stuttgarter Mietepublikum etwas überfordert.

I: »Ond!? – Was secht mr?«
II: »Ha, was soll mr då saga?«
I: »Eba wias En gfalla håt!«
II: »Ha – s isch amål was anders!«
I: »Onser armer Schiller!«
II: »Er merkts jå nemme!«
I: »Der håts guat – aber mir müaßt nomål nei!«
II: »Jå, mr håt jå für de zwoet Hälfte au zahlt!«

2. Am Frühstücksbüfett

Schwäbisches Urlauberehepaar am Nebentisch

I: »Halb achte! Desch a guate Zeit, då håts no älles.«
II: »Jå, a Stond später ond se hen s meischt wegputzt.«
I: »D'Leut könnet jå au net gnuag kriaga.«
II: »Då moensch äls grad, s wär s letzscht Mål!«

I: »Müsli net viel, des versaut oem dr Honger so.«
II: »Jå, sonscht zwengt mr koe Oe.«
I: »Mr sotts eh net – wegem Cholestrin!«
II: »Guck, der em Eck, was sich der Schwartamaga uffbeigt.«
I: »Koe Wonder håt der so en Ranza!«
II: »Von nix kommt nix!«
I: »D Wecka sen heut au nix! Koe bissle rösch!«
II: »Dia sen von geschtern. s isch Sonntich.«
I: »Was schiabsch denn då ei?«
II: »En Kiwi. Für onterwegs.«
I: »Nå könna mr ganga.«
II: »Håts då no en Haufa Zeigs. Schad, dass mr scho gnuag håt!«

3. Fußball-Mitschau

In der Kneipe nach unerwünschtem Spielergebnis

I: »So, jetzt woeß mr des au.«
II: »Mr håts komma seha!«
I: »Jå, mr hätt gar net her briichta!«
II: »Aber was tuat mr net älles!«
I: »Wenn d koen neibrengsch, kåsch net gwenna!«
II: »Jå, so isch die Regel!«
I: »Dia standet doch bloß em Weg rom statt dass se sauet, onsere Millionär!«
II: »Dene gåhts z guat!«

I: »Wenn e denk: Dr Schlienz, dr Steimle ond dr Barufka früher, dia hen no für en Roschtbråta kickt!«
II: »Des waret no Kerle!«
I: »Aber mit dene heut kåsch koen Saustall meh stürma!«
II: »Freilein! Zahla!«
I: »Vierfuffzich a Viertele! Wär e no en mei Nescht!«

4. In der Fußgängerzone

Begegnung bei 33 Grad im Schatten

I: »So, au a bissle!?«
II: »Jå, was will mr macha!?
I: »Warm hemmers!«
II: »Dämpfig!«
I: »A Bollahitz!«
II: »Mr kå sichs net raussucha!«
I: »Mr nemmts wias kommt!«
II: »'s bleibt oem jå nix anders übrig!«
I: »Jå, mr schafft sei Sach ond schwitzt weiter!«

A andere Welt

Mir Alte, de ganz Blås vom Maisch ond Zeyer,
Wia gern semmer doch äll Jåhr em Januar zu onserer
Firmafeier.
Aber seit neueschtem, då send sich älle einig, s isch was drå,
Ischs nemme des, fascht koener möcht meh nå!
Net bloß, dass d früher dein Bråta kriagt håsch, mit
Kartoffelsalat ond Spätzla,
Ond heut langts grad no für belegte Brötla ond a paar
Butterbrezla –
Noe, uff was ganz anders will e naus:
Den »Jahresbericht«, den hochgstochena, den hält koe
Mensch meh aus.

Wo früher dr alt Chef, so nåch em zwoete Viertele håt könna
ans Gläsle klopfa
Ond verzähla wias lauft em Gschäft, siehsch heut so en
Gschnigelta mit Gel em Håår am Power Point rom-
hopfa,
Der kommuniziert am Beamer, mr sei weltweit gut aufge-
stellt em Premiumsegment,
Ond ema angedachten Zeitfenschter schaffe man hard facts,
des hoeßt, mr nemm richtig Geld en d Händ.
A prima Standing hätt mr global mit der Produktpalette,
liege voll em Trend,

Ond lasse sich von koem andra Wettbewerber stoppen,
Mr werde zeitnah mit großem Speed Innovationen fahren
ond so die Vorjahrsrendite toppen.
Sei Networking tät mr ganz auf den Markenauftritt, aufs
Programmdesign fokussieren,
So werd mr ein win-win-Szenario zielführend auf die
Agenda setzen ond die Gewinnmarge maximieren,
Dank flexiblem Investitionspaket, optimalem Prozesslayout
ond aggressiver Neukunden-Akquisition,
Sales-Reporting, Projektmanagement, Selbst-Evaluation …
Mr häb em Remstal natürlich an einem Wohlfühlstandort
eine Top-Location
Ond eine optimale, positiv aufgeladene Akzeptanz als
Business-Station.
Beim letzschta Roundtable vom Gesamtvorstand erschien
beim Brain up sogar,
Schwärmt r, ond isch ganz aweg, ein 30-Punkte-Wachstum
pro anno mittelfristig darstellbar,
Wenn mr Synergie-Effekte ergebnisbezogen mitnemmt ond
marktspezifisch Expansionsvolumina antizipiert,
Dynamisch im Portfolio-Spektrum neue Potenziale abruaf
Ond kommunikative Schnittstellen aktiviert.

Aktivier du deine Schnittstella, denk e, optimier dei
Business-Station, dei Produktstrategie,
Aber die nächscht Jåhresfeier, Mändle, so viel isch sicher,
die machsch fei ohne mi!

Wellness à la carte

Seit neueschtem isch jå sogar dr oefache, dr gestandene
Schwabe
Nemme sicher vor der beliebta neumodischa Jubiläums-/
Feschttagsgabe,
Au ehm droht des überkandidelt Geburtstags-/Silberhoch-
zichs-/Verabschiedungspräsent:
So ein Wohlfühl-Fitness-Aroma-Verwöhn-Wellbeing-
Wochaend
Als Spende von dr Sippschaft, de Kegelbrüader oder
Gschäftskollega.

Mei Liaber, wenn de des trifft, nå håsch dein Sega.
Wenn se dr dåmit kommet ond schicket de, dass Gott-
erbarm,
En so a Laifschtail-Relax-Massage-Fun-ond-Beautyfarm
Ond drucket drn – mit Bendel rom als Gschenk verpackt –
en d Hand
So en Neckermann-Alltours-TUI-Wellnessoasen-Sammel-
band,
So ein Ajurveda-Thalasso-QiGong-Lomi Lomi-400Seita-Heft,
Nå håsch dei Sach beinander, weil s isch a Mordsgefommel
ond a Riesagschäft,
Tausend so Wellnessresidenza muschtera – da gucksch
domm aus dr Wäsch,

Bis de bloß woesch, ob de en Sri Lanka, en Heringsdorf oder
en Kälberbronn verwöhna läsch.
Ond nå dia Åwendonga, die »Wellness à la carte« raus-
suacha,
Jå, ons håts troffa, des Malefizgschenk, mi ond mei Weib,
Ond jetzt hocka mr då ond wisset net was buacha.

Nemma mr am beschta – zur Entschlackong
En *Traubentreschterwickel*? A *Kreide-Sanddorn-Packong*?
Shiatsu in der Schwebeliege ? – Oder doch liaber net, wegem
Geschuckel?
A *Hot-Stone-Treatment* – desch des mit dene warme Stoener
uff em Buckel?
Zur Lockerong onserer Meridiane
A *Venusbad mit Avocadosahne*?

Gega dr Stress ond dr Verdruss
A *Klanglichtbad mit Prosecco-Guss,*
A *Eiskugel-Face-Lifting,* mr glaubts schier net,
Reishäutchensalbung auf dem Wasserbett.
Mr hätt au glei a bessers Feeling
Hoeßts, nåch me *Ziegamilchbad mit Meersalzpeeling!*
Ond då, em nächschta Wellnesstempel:
Aphroditebad, warme Kräuterstempel.
Was Bsonders für di, då lies no, Mutter:
A *Gesichtsmaske mit Mangobutter,*
Oder no was ganz Speziells für dich:
En *Kaviar-Dekolletee-Aufstrich.*

Liaber net? Nå kås sei, treff e
Dein Gschmack mit *Rosenmolke*, mit *Champagnerhefe?*
Ond *Rasul, Hamam, Aqua-Motion,*
Klangschalenpool, Thalgo-Frigi-Lotion.
Lauter so Wellness-Fachchinesisch,
Wo de senniersch, was denn au des isch:
Pantai Luar, Padabhyanga,
Kahi Loa, Mukabhyanga,
Nadi Sweda ond *Shiseido,*
Ach, was hemmer ons då eito'?
Curapaco mit me Ölguss über d Stirn na –
Då kåsch bloß betta: Herr, schmeiß Hirn ra!
Fünf Tibeter, Hydrojet,
Des packa mir em Leba net!

So ein Gefasel, so ein Schmonz,
I han so s Gfühl, desch nix für ons!
Ond weiter kommt mr dem Wellness-Gaschte
Mit *Kräuterschlamm* ond *Kokospaschte,*
Mit *Solegrottenwasserschwall,*
Farblichtdusche, Körperschall,
Ond – des wär dr Abschuss, Marianne,
Mir zwoe en dr *Kristall-Duett-Kuschelwanne* . . .

So, dåmit juck! Net no en Schlenker,
Die Wellness isch net onser Welt.
Woesch was? Mir saget dene Schenker:
»Katalog zurück! Mir nemmet liaber s Geld!«

Gsond ens Jåhr

Dem Eugen Kleienbeck, Verfasser wichtiger Ratgeber-Traktate für seinen Freundeskreis, kam Hademar Bankhofers »Gesundheitsbarometer« mit den monatsweise gegebenen Vorsorge-Tipps in die Hände. Das fordert ihn – zunächst am Beispiel des Januar – zur Weitergabe der gewonnenen Erkenntnisse an einen Brieffreund im bewährten Schreibstil heraus.

An mein Freind Gottlob Übelhör,
mein Spezel von dr Feuerwehr!

Gottlob, was du mir då neulich
Gsagt hascht, das war nicht erfreulich,
In Betreff von deim Befinden.
En vielem sei's aus Gsondheitsgrinden
Ond des schlauche dich scho bös,
Nix meh – reschpektive nemme des.

Ja, des håt mich arg bewegt
Ond ich han mir überlegt:
Wie hilfsch du deim Gottlob då,
Dem Prachtskerle von einem Må,
Mit Rat ond Tat jetzt au am beschten,
Nicht, dass er noch meh Gebreschten
An dr Hals kriagt ond sich fang,
Weil sonscht macht er's nemme lang.

Also pass uff: ich han mir denkt
Ond hoff eben, dass drs was brengt,
Ich lege dir einmåle dar,
Was Bankhofer – Vorname: Hademar,
Als Gsondheitspapst ein Medienstar,
In »Aktiv und vital durchs Jahr«,
So hoeßt sein »Gsondheitsbarometer«,
Älles verzählt. Gottlob, sotte Wink braucht jeder!
Lauter Ratschläg, wo sich lohnet,
Sauber zutoelt jedem Monet.

Gottlob, es ischt mein Schreibprinzip,
Dass ich ein paar Monetstipp
Von dem Hademar entnehm,
Weil dann hascht du es bequem.
Bloß a Auswahl, Gottlob, hol ich
Raus, nämlich, was sehr bedrohlich
Ond ganz bsonders mulmig isch.
Zviel net, weil d sonscht überfordert bisch
Ond dich womöglich dran verdrießsch,
Vor lauter Beem den Wald nicht siehsch.
Also, Gottlob, was für a Gfahr
Dir demnåch droht em **Januar,**
Dieses will ich zerschten sichten
Ond dir nå gwissenhaft berichten.

An erschter Stell, secht mei Stratege:
Pass uff uff deine Atemwege!

Leicht könnt mr – des sei gar nicht selten –
Wega dr Kälte sich verkälten.
Ond då hoeßt es laut meim Zeugen,
Dem entschlossen vorzubeugen.
Weil besser wärs – s isch eigentlich klar,
Då håt r recht, dr Hademar,
Als wenn die Krankheit du besiegsch,
Wenn du sie gleich gar net kriegsch.

Mr sott, secht-r, en ganzen Haufen
Machen für das rechte Schnaufen,
Ond dåzu ghört als Einleitong
Ein kleiner TÜV für deine Long.
Uff koen Fall dürftesch du vergessen,
Von vornenrei einmal zum messen
Wieviel Luft dein Kaschten fasst –
Also, ob gnuag in dein Brüschtle passt.

Dieses könntsch du ausprobieren
Mit morgens beim Wäschen tirilieren.
Des hoeßt, du sollteschs fertigbrengen
»Im schönschten Wiesengrund« zu sengen;
Beweis für deine Gsondheit wärs,
Wenn d en oem Rutsch den erschten Vers
Mit oener Füllong schmettern könntescht,
Ihn mit Sangesluscht vollendescht,
Ohne – dieses müsste freilich klappen –
Dronternei nach Luft zom schnappen.

Kommsch bloß bis »dich mein stilles Tal«,
Wäre des scho a schlemms Signal.
Langts bloß bis »zog ich manche Stunde«
Wär des noch a ärgere Kunde
Ond Zeichen, dass d zom Doktor muscht
Von wegen deiner Heldenbruscht.

s Longa-Volumen auszumloten
Gäbs, secht onser Spezialischt,
No ganz andere Methoden.
Weil d net grad ein Caruso bischt,
Gfallen die dir, kå sei eh'r,
Also: die zwoe noch, bittesehr:
Miss dein Atemluftportiöle
Indem dass du ein Luftballöle
Uffblåsch, locker ond legär
Ond drbei gucksch wia wenn nix wär.
Gsond ond firm wärsch uff dr Bruscht,
Wenn d dådrbei nicht japsen muscht.
Oder: du zendsch zom gleichen Zweck
A Kerz å ond sausch ein Meter weg
Ond blåsch se mit eim Atemstoß
Aus! Wenns klappt, seisch du die Sorge los,
Dass scho alsbald, äll Moment
Dir der Schnapper ausgehn könnt.
Fliegscht aber durch bei so me Tescht,
Gottlob, dann sei es das Bescht,
Wenn du drnåch gucken läscht.

Bsondre Obacht sottsch du schenken,
Hoeßt es weiter, deinem Zenken.
Leicht sei könnts – also passiera kås,
Dass dir dein Prachtsstück von re Nås,
Im Januar lauft ond ällenweil tropft,
Oder omkehrt, dass se zuagåht, sich verstopft.
Auch könnt' sie sich bedenklich röten –
Net wia normal vom Wei-Verlöten
(Mr woeß jå: deine håt scho emmer
So einen rötlich-blauen Schemmer
Ond der kommt, jå Gottlob, gibs halt zua . . .
I sag 'mal: net von z'enge Schuha),
Noe, en dem Fall weils Wenter isch,
Wogegen du jå machtlos bisch.

Also obliege man, nicht träge,
Secht Bankhofer, der Nasenpflege.
Wie du diese sollscht betreiben,
Will ich dir gschwend jetzt noch schreiben.

Erschtens, Gottlob, wärs ein Segen
Öfters das Kamee zu fegen.
Man nehme täglich Wattestäb,
Die wo man vorher eintunkt häb
In ein Schuss Olivenöl,
Ond was er dringend dir empfehl:
Dann reibsch dir täglich zwischanei
Dådrmit d Nåsenlöcher ei.

Om deine Abwehr aufzubauen
Sottsch sodann Trockenfrüchte kauen
Minutenlang, secht r, jeden Tag.
Jå, em Januar gåhts Schlag auf Schlag.
En Zwiebel sottsch hacken – net verspeisen,
Noe: en zwei Liter siedigs Wasser schmeißen
Ond die Dämpf, wo aus der Brüah
Aufsteigen, richtig d'Nås nuffzieha.

Auch könnte es uff kein Fall schaden,
Dein Kolben wäschen ond ihn baden
Aus Schachtelhalm in einem Tee –
Des mach den Zenken bsonders schö
Ond du könntesch jederzeit
Mit deim Preschtleng onter d Leut.

Bloß oes noch, ich råt: Gottlob pack se
Au å, die Schnupfen-Prophylaxe!
Då kann mr, Freind, für nicht viel Geld,
Was toa, dass er ein nicht befällt,
Indem mr Paprika, Kiwi, Greipfruit kaut
Ond zwoe Gablen rohes Sauerkraut.
Sorgen sottsch au an einer Tour
Für ausreichende Zinkzufuhr,
Per Brausetabletta en oem Schwupp,
s geng aber au mit Hühnersupp.
Ond, lass dr des nå au no saga:
Sottsch eifrig Ingwerwurzlen naga

Ond viel Saft trenka en Schüben
Von Roten und von Gelben Rüben.
Ond gang fei – wegen der Menschenmass –
Nicht ohne Meterstab uff d Gass,
Weil du von Katarrh-Patienten,
Wo dir von vornen ond von henten
Äll Augenblick en Weg nei laufen
– Em Januar gibts dåvo en Haufen –
Einen Mindeschtabschtand juscht
Von ein Meter fuffzich halten muscht.
Den empfiehlt die WHO
Ond er – der Bankhofer – ebenso.

Also, verbrauchs gsond, alter Knochen,
Das Weitere folgt jetzt, äll vier Wochen
Für jeden Monet bröckelesweis,
Gottlob, des mach ich grad mit Fleiß,
Älles z'mål wär dir ein Graus,
Weil nå siehsch nemme drüber naus.
So han ich heute dir mit Luscht
Ond mit meim gscheiten Kommentar
Bloß zoegt, was d älles machen muscht,
Dass du noch lebsch im Februar.

Folg mr ond schmeiß mein Brief net weg
Dein treuer Eugen Kleienbeck.

Wo druffdrucka?

Die beklemmende Frage »Wo druffdrucka?« verfolgt uns inzwischen unablässig bei alltäglichen Verrichtungen und wächst sich bisweilen zu bedrückender Versagensangst aus. Pikanterweise prangt die dazu passende Weisheit unseres schwäbischen Philosophen Georg Wilhelm Friedrich Hegel am Stuttgarter Hauptbahnhof in Leuchtschrift ausgerechnet über modernen Fahrkartenautomaten: » … denn diese Furcht zu irren, ist schon der Irrtum selbst.«

Rengsrom Inschtrument, Automata, Mascheena, App'rät,
Wo mr nutz sei könntet, wo-n-e doch braucha tät,
Aber i sieh net naus – vielleicht ischs au s Alter –
Vor lauter Taschta ond Knöpf ond Schiaber ond Schalter.
Jå, des isch währle a traurigs Kapitel:
Für was hätt' mr net älles die technische Mittel,
Mr hätt' so viel Vorteil, aber i gibs drå ond vertuas –
Weil i woeß net, wo-n-e druffdrucka muaß.

Mir leischtet ons neulich, doch, des wars ons wert,
s Modernschte en Sachen Backofa / Herd,
Då ståht r jetzt, aber oefach ischs net,
Ond oft denk e: Wenn e no mein alta no hätt',
Weil jetzt hoeßts mit *Funktionswahl* ond *Zeitschaltuhr*
Gschirra, mit *Vorschlags-, Ist-* ond *Solltemperatur.*

Bevor der åfangt hoeza, lauf i hoeß ond schwitz
Vor lauter *Betriebsarta: Ober- ond Onterhitz,*
Hoeßluft, Bratautomatic, Grillen 1, Grillen 2,
Wo d früher bloß håsch dreha müaßa: lenksrom AUS,
rechtsrom EI.
I blick nemme durch, komm en Rage ond pfus –
Weil i woeß net, wo-n-e druffdrucka muaß!

Mr will jå dr Fortschritt nirgends verpassa,
Aber hätt e me doch dåzua net romkriaga lassa:
En seim Auto werd mr, saget se, als Fahrer erscht froh,
Wenn mr ein Leitsyschtem dren hätt, so a Nafigatio.
Weil wer suach sich sein Weg heut no mit Kart ond uff
Schilder? …
Jå, Pfeifadeckel, då hock e jetzt mit em Handbuach, studier
Symbole ond Bilder
Ond grübel vor jeder Abfahrt a Weile,
Was d *Cursor-Taschten* sen, die *Texteingabezeile,*
Das *Statusfeld,* die *GPS-Koordinaten,*
Die *Standortanzeige,* das *Wegpunkteladen,*
Richtig neihänga tu e me, glaub scho, i könnt die Lehrzeit
beenden –
Ond was isch dr Dank? – »Wenn möglich, dann bitte
wenden!«
Oh, i könnt se grad schüttla, die Navi-Tante, ond pfus –
Weil i woeß net, wo-n-e druffdrucka muaß!

Heut löst mr als Mann von Welt ond Format
Sei Zugfahrkart elegant am DB-Automat.
Mit dem könnt mr, hoeßts, viel Zeituffwand spara,
Er funktionier nämlich nåch dem *Touchscreen*-Verfahra:
s *Dialogfenschter*, s *Bedienfeld* muasch taschta, *Ticket-Optionen,*
Zuschlagwertmarken, Tarifstufen ond *-zonen;*
Uff dr *Zehnertastatur* geb mr die *Fahrzielkennziffer* ei,
Die *Plus*- oder *C-Taschte* nach Bedarf hentadrei . . .
Mir dreht sich scho älles, ond i denk: des kå-n-e leida,
Uff de schwäbische Eisabahna – waret des Zeita:
Wia gern geng e an Schalter (wias Bäuerle), tät en lupfa,
 dr Huat,
Ond saga: »A Billettle, send Se so guat!«

Aber noe, weil koe Båhwärter meh uff Station isch,
Gåht des jå älles total elektronisch,
Ond mir gåht mei Zug naus, ond i ben glada ond pfus –
Weil i woeß net, wo-n-e druffdrucka muaß!

Seine Bildla knipst mr heut jå au nemme normal,
Noe, wer uff em Kiwif isch, der fotografiert digital.
So a Zoomkamera muaß her, setz i mr en Kopf,
Weil so oene häb, bild e mr ei, bloß no en gotziga Knopf,
Dr Auslöser, sonscht nix – ond des werd e au blicka . . .
Jå, von wega: i soll, hoeßts em Beipack, zerscht mål uffs
E-Manual klicka,
Vorher gschwend die Scheib ens *CD-ROM-Laufwerk* führa,
Nå könn e »das *elektronische Handbuch*« studiera.
Ond då sieh-n-e glei: des gibt wieder a Gschur,
Vom *Fixfokus* faslet se, von *Gammakorrektur,*
Vom *Sensorchip, Webcam,* ond – s kommt no härter –
Vom *Wood-Effekt* ond vom *Weitwinkelkonverter,*
Vom *Weißabgleich, Mehrzonenmuster, Memory-Stick,*
Mir gåhts s Zäpfle nå, i glaub, i gib's zrück,
Des kloe Monschter, desch doch ein Witz,
Was soll i mit *Micro-Drive, f-Zahl,* dem *externen Blitz*?
Des pack i nia, ben ganz meschugge ond pfus –
Weil e woeß net, wo-n-e druffdrucka muaß!

Ond nå des *Schnurlosfaxkopiertelefo'* endlich!
Då wirds dr jå beim Auspacka scho schwendlich,
s isch mr klar: mit dem mach e so schnell koene Höpf,

Des håt drei Areal mit 87 Knöpf,
Mit *Rec* ond mit *Play*, mit *Menü* ond *OK*,
Oemål *Help*, oemål *Stop* ond nå s ganz *ABC*,
Timer, Telefobuach, Start, Tag ond *Nacht!*
Des wenn e wüsst, wia mr des älles macht –
Älles geng, schreibet se, hopfaleicht ond ruckzuck,
Wenn mr no uff die richtigen Taschten druck,
Für *Easylink, Freisprechen,* en *Text ansagen,*
Weiterleiten, Zeitversetzt senden, Fernabfragen,
Dr *Modus wählen* ond s *Klingelverhalten,*
Nåchrichta zählen, dr *SMS-Druck* ausschalten.
I kriag scho Gichter bevor e dui Kischt åschliaß ond pfus –
Weil i woeß net, wo-n-e druffdrucka muaß!

Jetzt saget no, wo kommt mr då nå?
Von Computer ond Co, då fang e gar net erscht å.
Mit *E-Mail* ond *Homepage* ond *Website.de,*
Power-Point! Beamer! Scanner! Wia schee
Könnta mrs han – wia guat wär mr gstellt
En der moderna elektronischa Welt,
Von Hand müaßt mr am End fascht gar nix meh to' –
Außer druffdrucka – wenn mr no au wüsst wo!

Schluss isch für heut, i brauch jetzt mei Ruah,
Mach die ganze *Bedienfelder, Displays, Menütableaus* zua,
Gang beizeita ens Bett ge schlåfa ond schmus
Mit meiner Elfriede – weil då woeß e, wo-n-e druffdrucka
muaß!

Rätseln bildet

Den Erhalt geistiger Frische durch rege Kopfarbeit versprechen sich viele von eifriger Betätigung im Quiz- und Rätselsektor. Wenn nicht bei Jauch und seinen Nachahmern, dann doch mit dem guten alten Kreuzworträtsel, das ihnen einen eklatanten Zuwachs an Allgemeinbildung einträgt, wie Gertrud Saußele schlagend unter Beweis stellt.

s will mir gar net nonter:
Dass meim Eugen des gnuag isch: dr gschlagne Mittag en seim Sessel dösa . . .
Noe, då tua e liaber ebbes für dr Geischt: a paar von meine Kreuzworträtsel lösa!
Emmer was macha – erscht ischs em Blättle gstanda – mit Kopf ond Herz ond Hand,
Des hoeßt mr einen erfüllten, aktiven Ruhestand!

Heut laufts ganz prima. Also schwierig isch's desmål net!
»Haarersatz . . . Haarersatz«! Des woeß mr doch: TOUPET *(Trägt ein.)*
Glei han-e-s voll. Då fehlt bloß no die »Papageienart«.
ARA! Dia håt mr druff! Dia bleibt oem nia verspart.
Ond då no: »Hauptvertreter des deutschen Minnesanges«.
Den heb e no uff. I guck zerscht mål nåch dem »Nebenfluss des Ganges« …

Des isch was für mein großa »Schiefelbein«, mei Kreuzworträtsel-Lexiko: *(Schlägt nach.)*
Scho hemmers: Nebenflüsse des Amazonas … vom Necker … vom Po,
Vom Ganges: »Gogra«. Fenf Buachstaba! Des passt sauber nei.
Der GOGRA natürlich! Mir håts doch wölla sei. *(Trägt ein.)*

Was då jedesmål drzualernsch, desch oefach genial,
Wissen ond Bildong, des isch doch 's gröschte Kapital.
No knobelt! Auf dass mr no a Weile hell bleibt en dr Birn.
Was ander Leut extra veråstalta müaßt: Gedächtnistraining, Jogging für das Gehirn!
Des brauch i älles net, weil i jå meine Kreuzworträtsel han.
Haha, då, s Nächschte, desch hopfaleicht: »Gesichtsbehaarung beim Mann«.
Vorna mit me woecha B! »Bart!« natürlich, des war scho öfters drå.
B-A-R-T *(Trägt ein.)* Ond senkrecht drneba, was hemmer då?
»Backwerk«, Backwerk … Då schlag e gar net nåch. Des håt mr doch em Kopf:
Das »Säle«, das »Baurenbrot«, dr »Heffenzopf« …
Was gibts sonscht no für backes Zeugs beim Bäcken?
Womöglich ischs der »Laugenwecken« …
Noe, desch viel zlang! Vier Buachstaba, vorna mit K …
Ha jå, nå ischs der »Kipf«, K-I-P-F, freilich der passt, hurra!
Ah, des baut de richtig uff, wenn d so was Sinnvolls tuscht … Ond waagrecht drüber:

»Unnütze Gegenstände, Trödel« … vielleicht: der »Krempel«, der »Plonder« oder der »Gruscht!«!
Desch nix: was Kürzers, i guck nåch! *(Blättert, liest.)* Gegenstände, unnütze: »Tand«!
I hans! *(Trägt ein.)* Fråg mål die Neimålgscheite nåch so was. Dia sehn koe Land.
I woeß von was e schwätz. I han se gfrågt, dr Reihe nåch.
s war emmer s gleich: Wenns ernscht wird, verschlägts dene Gscheitla d Språch.
s Wichtigscht, was i fürs oefachscht Kreuzworträtsel brauch, hen dia net uff dr Pfanne.
Also, nåch dr Sengstond neulich, des war a böse Panne.
Mir sitzet no em »Ochsa«, nå fråg e so em nebaher, dr Studiendirektor Haberstroh:
Jetzt saget Se amål, wisset Sia eigentlich, wia-n-r hoeßt, ein »Kopfjäger auf Borneo«,
Då håt der bloß leer gschluckt, guckt an dr Plafo nuff, hebt sich an seiner Mååß,
Guat, denk e, des kå passiera, gibsch em a zwoete Schås,
Suachsch ebbes Leichters raus ond überleg: was nehma mr denn da?
Ond sag: Kennet Se einen »Mischvolkangehörigen in Nordafrika«?
Au von den »Mauren« koe Ahnong! I lass em jetzt sei Ruah
Ond gang uff dr Doktor Binder, en Psycholog, a richtigs Käpsele, zua.
I geb Ihne, s isch bloß a Späßle, a kloene Nuss zom Knacken.
Wia hoeßt sich jetzt au glei das »Oberhaupt der Kosaken«?

Au Fehlanzeige! Gradso bei dr Frau Vikarin Schulte,
Sia kennet sicher, sag e, eine »Stadt am linken Ufer von der Mulde«?
Des glaubt mr net! Koen blassa Dunscht håt die von onsrer Geografie. –
Jetzt no dr Amtsrat Schaible, der gilt als Großgenie,
Ond Kornifä beim Oettinger em Minischterium,
s isch Ihne doch geläufig, schwätz en å, das »chemische Zeichen für Ruthenium«?
Au der: von Allgemeinbildung koen blassa Schemmer,
I prüaf oen nach em andera, s wird älles bloß no schlemmer.
Se versaget, schiabet Hohle, dr oe grad wia dr ander.
Das »indianische Pfeilgift«? Funkstille! Gradso bei dr »Geliebten des Leander«!

I kå bloß saga:
Wenn d Kreuzworträtsel machsch, nå bisch du firm für alle Fälle,
Bisch besser em Bild als die Gstudierte älle!
Wo ben e standa blieba? Des langt scho fascht zom s Lösongswörtle fenda!
I bscheiß a weng! – Em Apothekerblättle ståhts doch emmer scho mit dren – a bissle weiter henta.
Also: i spick amåle, dass e mr den »mexikanischen Säulenkaktus« zom Schluss verspar.
s isch ebbes Längers – a ganzes Sätzle! Ah, då isch mr ja ganz gschmoechelt: SIE SIND EIN RÄTSELSTAR

Tatort im Advent

MARTHA
Was willsch denn scho, Guschtav? s håt noch kei Eile.
s isch no nix mit em Krimi, der kommt erscht ema Weile.
Guck halt, was em Programmheftle ståht,
s håt no gnuag Zeit bis dei Tatort ågåht!

GUSTAV
Am dreiviertel zehne! *(Liest.)*
»Kommissar Bienzle stellt einem Serienkiller a Falla« …

MARTHA
Des wird wieder schö! Aber tua mir drweilsch no en Gfalla.
De woesch jå: Am Heiliga Åbend kommt d Gudrun ond
  d Kender
Scho mittags. – Nå wär mrs recht, dr Baum wär em Ständer!

GUSTAV *(Bruddelt.)*
Acht Täg vor Weihnachta? Was fangsch då für Mödela å?
Då isch doch am Chrischttag koe Nådel meh drå!

MARTHA
Ach was! Mir lasset en doch no uff em Balko –
Ond außerdem: Eine »Nordmanntanne« nådelt net so!
(Gustav brummt.)

Mir hoezet nåch Weihnachta dåhenn nemme ei,
Nå hemmer dia no bis en Februar nei! . . .
I woeß doch: Am Heiliga Åbend hätt e dr Dreck,
Då kriagt di jå koener von dr Eisabåh weg!
I will net nomål wia letzscht Jåhr des Gschur,
Jetzt machs halt no gschwend ond sei net so stur!

GUSTAV
(Um das Gequengel zu beenden.)
En Gotts Nåma, i tuas jå. Nå han e mei Ruah.
Aber schalt beizeit ei ond guck nebaher zua!
Net dass e no dr Åfang verpass.
(Geht widerwillig; Martha drückt ihm den Christbaumständer in die Hand; man hört ihn draußen schimpfen.)

Då ståht r, der Denger! Der isch jå patschnass.
Statt dass mr wartet, bis r abtrocknet wär,
Muaß mr-n no ausschüttla – Gott, isch der schwer! –
Ha, so hemmer no nia oen ghet – so einen Besa!
Oh, Martha, wo håsch au den Storra uffglesa?

MARTHA
Drfür war er billig! Se hen gfrågt, ob mei Må Heimwerker isch.
I han en verzählt, was d für a Tüftele bisch,
Nå, hen se gmoent, bricht e gar nix verklemma,
Nå wär der grad richtig, ond i könnt en ruhig nemma.
Ond so han es gmacht. Schnurstracks han en gnomma,

Dr Nåchber, dr Geiger, håt me seah komma.
I soll en mål nåstella hat r gsagt ond amål dreha,
Ond nå: So hätt r au no koen gseah!

GUSTAV
Haha, des glaub e! Narr, der Hond isch so kromm,
Der hakelt mitsamt em Ständer no om.
Den muasch vor em Zuaschrauba zerschta no gäga,
Ond a Kränzle muaß weg, i brauch glei mål mei Säga!
(Kommt über die Bühne, um nebenan die Säge zu holen; kommt mit Säge zurück.)

A Wettertanne vom Polarkreis hemmer desmål erstanda,
Dia håt en Lappland a paar Elchtescht bestanda!
Ond i han jetzt a Mordsfommlerei,
Ond s isch halber zehne – ond dr Bienzle kommt glei!

MARTHA
Du versäumsch gar nix! s kommt doch wieder so:
Mit Gommibärla, Gottschalk ond Harribo
Gåhts zerscht amål los, ond bis s soweit ischt,
Narr, Guschtav, då kåsch sogar no die Kischt
Mit Lametta ond Kugla rausgruschtla en dr hentera Kammer.

GUSTAV
(Kommt wieder über die Bühne.) … I brauch au en Hammer,
Mei Bohrmaschee ond mein Hafa mit Bäpp,
Mr muaß deim Prachtstück – i werd no zom Depp –

Zwoe Äscht neileima ... dem Krüppel, dem schiacha . . .
(Kommt mit Werkzeug zurück.)

MARTHA
Ond dronter lega mr wieder a Ziacha,
Sonscht tropft mr s Wachs wieder uffs schöne Parkett!
Bohr du no no, koe Angscht, s lauft no net.
Kommsch no lang recht ond muasch mit deim Bäumle net hudla.
Dia werdet vorher eh ihr Erdinger Weißbier no dudla.

GUSTAV
Aber pass mr jå uff – glei muaß soweit sei.
s sprengt jetzt dromrom! Martha, schalt ei!

MARTHA
Wenn d moensch!
Ha jå, då dr Bienzle! Der mit dem Mordshuat!
Ond Polizei ... ond Blaulicht ... ond älles voll Bluat!
Zwoe Tote em Wengert! Lass dei Gschäft liega ond komm!

GUSTAV
Waas? Also laufts scho? I glaub, i schnapp nom.
En Doppelmord ... verpasst! Wega deim Storra! ... Jetzt gibts aber Zonder,
Ja Heiligs-Sakradi-Krappasack-Hura-Kreuz-Donder!

Schässlo antik

Wie oft sinnen wir den Lebensgeschichten von betagten Gegenständen nach, die uns vor Augen kommen.
Was könnte uns die Kaffeemühle oder die Standuhr der Urgroßeltern erzählen oder ein guter alter schwäbischer Schässlo, der oft genug seinen Standort und seine Besitzer gewechselt hat, zu guter Letzt dann gar im Antiquitätenladen steht und seine Biografie rekapituliert. Vorgezeichnet hat diese Lebensbeichte eines Möbelstücks der fast vergessene Berliner Kabarettist Robert T. Odeman. Kräftig nachgewürzt und schwäbisch nachempfunden liest sie sich so:

I, wenn e zrückdenk! A Schässlo von heut, des glaubts oem jå schier net:
Was han e doch em »guata Zemmer« vomma schwäbischa Muschterhaushalt für a behütete Jugend ghet.
Nix als dåstanda han e müaßa onterm Bildnis vom »Karl Keuerleber selig, Stadtarchivar«,
Meh net! Ach wia i doch bei seinera Witwe penibel ghalta war!
Em Spalier mit meine Nåchber: rechts nebr mir dr Vertiko, lenks das Harmoniom,
Bloß all ächt Tag guckt d Hausfrau gschwend rei, staubt ab ond dreht dr Schlüssel wieder rom.

Weil de guat Stub hen d Schwåba ja net oefach so zom dren
romhanga ond dass mr onter dr Woch dren wohnt,
Noe! Grad dass mr se mål em sonntichs emma Bsuach zoegt
– ond dåfür ghört se gschont.
Dass mr dren ghaust hätt ond dauernd ebber uff mir
romghockt wär, des hätt sich doch net ghört,
Ond so war mei Jugendzeit, wia soll e saga – des isch jå für en
Schässlo net normal – vollkomma unbeschwert.
Dass me koe Stäuble trifft, dr Damascht net abschiaßt, deckt
se me emmer so schö zua,
Mit me lila Überwurf, die Alwine Keuerleber – aber eines
Tages gåht se himmelan, ond aus wars mit dr Ruah.

Zerscht hen sich d Erba, zwoe Gschwischtrigkender von era,
en d Håår kriagt wega mir ond hen sich om me grauft,
Dr oe håt me em andera net vergonnt, ond scho war e
verkauft!
An a robuschts Weib en Degerloch, namens Botzenhart,
Therese,
Des hätt me jå net weiter gstört, bloeß oes: sie war Masseuse.
Am Åfang war e fascht a bissle stolz druff, dass e bei ihrm
Gschäft a Hauptroll spiel.
Bloß wias da äll Tag abganga isch, des war mr doch bald zviel.
Se legt, fascht rond om d Uhr, des isch doch net mei Fach,
Uff mir wildfremde Leut, meischt gstandne Herra, flach,
Knetet se durch ond druckt oen nach em andera mit äller
Gwalt en meine Polschter nei,
Dass des lang guat gåht, håt könna gar net sei,

Ond tatsächlich: Bald wars soweit, dass r mr bricht ond dass
mr-n schiena lassa muaß
Vom Möbelschreiner, mein lenka hentra Fuaß!
Au der Tonfall, wia dia Kunda beim Massiera gseufzget hent
ond gstöhnet,
Der håt me stutzig gmacht. Oemal håt oener gwischpert:
»Wie Sie mich heut aber verwöhnet!«
Noe, då war e doch arg geniert, se war mr nemme geheuer,
Thereses Art der Vollmassage.
Ond doch, wia se me abserviert håt, des brengt me heut no
hentadrei en Rage.
Undank ischt der Welt Lohn: uff oemål war e nemme guat
gnuag ond oms Nomgucka flieg e
Naus bei re: en ihrm Gewerbe gengs nemme ohne a richtig-
gehende Massageliege!

Zerscht ruiniert se oem d Stellasch, dr Plüsch ond d Federa
total,
Nå stellt se oen eiskalt, von heut uff morga – richtig
brutal
So mir nix, dir nix naus uff d Stråß zom Abhola bei de
sperrige Gieter,
s wär aus gwä mit mr, wär net no beizeit a Tüftele komma,
Rebstocks Frieder,
Ond hätt me geschnappt, nuffglupft ond abgführt uff seim
Henterlader
Ond so sauber hergriicht, dass e vier Wocha später scho beim
Staatstheater

Mein zwoeta Frühling han verleba dürfa uff de Schauspiel- ond de Opernbühna.
Ach, was han i für en Grattel ghet, des war doch s Höchschte: dr großa Kunscht zu diena!
Aber s war a Heidagschäft, a Mordsstress, es isch verbürgt:
Em erschta Jåhr håt dr Othello guat dreißgmål uff mir sei Desdemona verwürgt.
Ond Heinrich der Achte håt me hoemgsuacht, x-mål mit seine lüschterne Mätressa,
I will en nix neikomma ond net meh drzua saga, aber dia send au net ällaweil bloß gsessa.
Ond em Hamlet sei Leibwach stürmt, drei Kerle uff oemål, über me weg, des war vielleicht ein Gsprang.
s isch klar gwä: Wenn des so weitergåht, nå mach e-s nemme lang.
I hans jå komma seha ond, koe Wonder, eines Åbends han-e-s nå nemme packt.
Zammakracht ben-e! Mit ma Riesaschlag! Aida! Dritter Akt!
Am »Ufer des Nils« spielt der – mitsamt der Amneris ben e ens Wasser klatscht,
Des war scheißpeinlich, aber d Leut hent a Freid ghet ond hen patscht!
Trotzdem: beim Intendanta war e onta durch, nix wars mit Reparatur.
s war herb, aber net zom ändera: i war reif – a Fall für d Müllabfuhr.
I han abgschlossa mit em Leba ond eigseha: für des Gschäft war e z alt.

Wenns sei muaß, nå sammlet meine Bröckel ei, von mir aus:
nå verbrennet-r me halt.
Scho traget se me Richtong Container, nå kommt der Helmut
von dr Requisite,
Verbarmt sich, hebt dia Häscher å ond schreit laut: »Aber
bitte,
So a guats Stück kriagsch heut gar nemme, des schmeißt mr
doch net naus,
Des kommt mr grad gschliffa: A Schässlo fehlt mr no en
meim Gartahaus!
Her drmit! Des passt: i han nächscht Woch Vakanz,
A paar Messingstroefa, a paar Wenkela, ond Schräubla nei –
scho isch der wieder ganz!«

So han e mei Auferstehong gfeiert, beim Helmut Schaller en
seim Ländle,
s war gschickt für ehn ond sei Erika ond praktisch beim
Schäferstendle,
Bloß håt sie nåch ma Weile gfonda – für mi war des nix
Heiters –
Ganz ideal wärs net mit mir, sie briichtet ebbes Breiters.
Se macht au ernscht drmit: mr führt glei druff a Allmachts-
couch drher
Ond brengt mi ens Atelier »Möbel antik«; dort ben e jetzt
ausgschrieba als »rarer Solitär«!

En Bschiss hen se no vor mit mr uff meine alte Täg, mein
Gott, wie isch die Welt verloga.
– Natürlich håt mr me vorher no ganz nobel mit schwerem
Brokat bezoga –,
Nå hen se mr des Schildle då rotzfrech uff d Lehne gstellt:
Barock, 17. Jåhrhondert!
Was willsch au macha? – I han scho so viel durchgmacht en
meim Leba, dass mi gar nix meh wondert!

Geläbtes Baden-Wirtemberg

Dem Chefregent vom Reitzenstein
Dem heizte jüngst ein Schreiber ein,
So ganz nach Presseritual.
Am Tag vor dessen Wiederwahl
Zum unumschränkten Landesfürsten
Gedachte er ihn abzubürsten.
Keck wählt er dazu beispielhaft
Das Thema Fußball-Meisterschaft
Und versteigt sich zu der Frage,
Ob's der Gemeinsinn denn vertrage,
Wenn er wie mancher andere Doge
Gratis in Polit-Ehrenloge
Beziehe seinen Kiebitz-Posten
Preiswert auf Daimler-Chrysler-Kosten,
Während sich mancher arme Hund
Ringsum im weiten Stadionrund
Eintritt samt Roter Wurst als rare
Vergünstigung am Maul abspare.
Darauf sprach unser Landeshirte:
Mitnichten! – Es sei vielmehr des Amtes Bürde,
Die ihm den strapaziösen Gang
Zum Sponsor-Lounge-Tribünenrang
Auferleg – folglich sei der ein gutes Werk
Seinerseits, also »geläbtes Baden-Wirtemberg«!

Abblitzt

Eine kleine Stilübung mit Limericks zur verschmähten Liebe im Programm des Sternenfelser Mundarttheaters »bühnastich« als Satire auf die Liebhaberqualitäten von Jünglingen aus einigen Nachbargemeinden.

Bretten

Ein Wohlgenährter aus Bretten,
Der spielt gern vor Frau'n den Koketten.
Doch läuft's für ihn dumm:
Er kriegt keine rum.
Oft heißt's: Doch nicht dem Fetten!

Sersheim

Ein Liebeskünstler aus Sersen
Probiert es bei Frau'n, mit diversen
Methoden und pfiffigen Kniffen,
Doch keine hat die recht begriffen!
Sie schimpften ihn frech 'nen Perversen.

Kleinglattbach

Ein Don Giovanni aus Glappich
Nahm eine aufs Korn – ha, die schnapp ich!
Doch all seine Tricks,
Die fruchteten nix!
Er war halt wieder mål z'tappich.

Ötisheim

Es zog ein Jüngling aus Aitsen
Mit 'ner schönen Maid in den Weizen.
Er versprach sich Genuss,
Doch 's gab großen Verdruss,
Denn sie geizte mit ihren Reizen.

Zaisersweiher

Ein älterer Herr aus Zaschweiher
Ködert Damen mit der uralten Leier:
Er winkt mit Moneten,
Die nahmen die Kröten,
Doch fürs Übrige jüngere Freier.

Zehn Regeln für den glückseligen Ehestand

Der Braut zur strikten Befolgung ans Herz gelegt von Molière in »Die Schule der Frauen«; neu gefasst von Johann Martin Enderle anlässlich seiner Nachempfindung »Die Frau fürs Leba«.

1 Jene, der das Glück, das große Heil,
Einem Mann ins Ehebett zu folgen, ward zuteil,
Sie soll dem Weltsinn ganz entsagen,
Häuslich walten, ohne Zagen
Bewährter Lehre strikt genügen,
Das heißt dem Gatten gehorchen, sich seinen Anordnungen fügen.

2 Unschicklich sind Schmuck und Glitzer,
Weil gemeinhin dem Besitzer
Der Gattin innere Schönheit reicht
Und eitler Tand nur allzu leicht
Fremden Blick verlockt zuweilen
An heikler Stelle zu verweilen.

3 Sie meide weiter eitle Laster:
Puder, Schminke, Schönheitspflaster,
Die andern kommen sehr zustatten,
Doch zum wenigsten dem Gatten!

4 Außer Haus verberge sie ihre Augen, ihre Züge.
Hinter ihrem Haubenschleier,
Denn man kennt sie zur Genüge:
Kecke, sittenlose Freier,
Die auf Straßen und in Gassen,
Lauernd auf ein Freiwild passen.

5 Streng abzuweisen sind Besuche,
Die nicht allein dem Hausherrn gelten.
Man weiß um tückische Versuche
Von Schwerenötern, Frauenhelden,
Mit einer Frechheit ohnegleichen
Sich arglistig ins Haus zu schleichen.

6 Die tugendhafte Frau, bedenke,
Lehnt Aufmerksamkeiten und Geschenke
Von Männern ab; denn meistens trachten solche
Knaben
Auf unsittliche Gegengaben.

7 Der Hausfrau Sache sei mitnichten
Selbst Schreibgeschäfte zu verrichten.
Tinte, Feder und Papier
Halte man deshalb fern von ihr.
Will sie sich Gedanken machen,
Dann allein zu Haushaltssachen.

8 Strikt meiden sollen Fraun als Gäste
Gesellschaften, Zirkel, Feiern, Feste,
Denn bei derlei Eskapaden
Nimmt ihre Sittenstrenge Schaden
Durch Schmeichelein im Überfluss
Zu des Ehemanns Verdruss.

9 Spaziergänge, Lustwandeln im Freien,
Schmaus im Grünen, Schlemmereien
Soll die Ehefrau sich versagen,
Weil allhier selbst Stubenhocker,
Die losgelassen, leicht und locker
Gern über die Stränge schlagen.

10 Die Frau bemühe sich nach Kräften,
Den Ehegatten zu umsorgen,
Auf dass er, müde von Tagsgeschäften,
Nach Heimkehr sich wohl fühlt und geborgen.
Zur Einübung darin noch flinke
Brauchbare und bewährte Winke:

Eine köstliche Mahlzeit ist bereitet,
Bevor er die Schwelle überschreitet.
Der Tisch fein säuberlich gedeckt,
Kerzen darauf angesteckt.
Ihn warmherzig, gutgelaunt begrüßen,
Mit Kuss die Ankunft ihm versüßen.

Nur Weniges – und dies mit sanfter Stimme sprechen;
Erzählt er, niemals ihn unterbrechen.
Ihn nicht mit Einwänden, Anmerkungen stören;
Sich drauf beschränken, zuzuhören.

Mir bhaltet net jeden!

Entwurf der schwäbischen Einwanderungsbehörde im Staatsministerium für einen Gesinnungstest bei Einbürgerungswilligen in Ergänzung zum baden-württembergischen »Gesprächsleitfaden«; anzuwenden vor Gewährung des Bleiberechts auf schwäbischem Hoheitsgebiet.

1. Welche der folgenden Vers-Varianten leitet die »schwäbische Hymne« ein, der das Gedicht »Der reichste Fürst« von Justinus Kerner zugrunde liegt?

   a) Feilschend mit viel schnöden Reden …
   b) Preisend mit viel schönen Reden …
   c) Redend mit viel schönen Preußen …

2. Wie reagieren Sie auf die folgenden in der Landessprache ergangenen Aufforderungen?

   a) Bei einer Wanderung:
   »Obacht! Dabbet Se net uff Ihrn Neschtel!«
   b) Bei der Apfelernte:
   »Schmeißet Se de raghakelte en den gelblechta Krätta!«
   c) Bei der Gartenparty:
   »Se müaßt des Häfele halt a weng meh gäga!«

3. Ihre örtliche Volkshochschule bietet vier Kochkurse an. Welchen wählen Sie?
   a) Rohkost in der Vollwertküche
   b) Sushi, Wok- und Reisgerichte
   c) Spätzleschaben für Anfänger
   d) Kartoffeln – täglich anders

4. In »Cottas Kulinarischem Almanach 2005« wird der Trollinger, die beliebteste heimische Weinsorte, als *»auf Flaschen gezogener Blassling«*, als *»billiger anspruchsloser Zechstoff oder Vespertrunk an Himmelfahrt«* und als *»Trinkwassersubstitut für das depressionsgeneigte schwäbische Gemüt«* abqualifiziert.
   Wie gehen Sie mit diesem Machwerk und gegebenenfalls mit seinem Autor um?

5. Angenommen, Sie hätten sich im Juni 2004 in Berlin aufgehalten. Hätten Sie an der »Tafel der Demokratie« vor dem Brandenburger Tor teilgenommen, wo aus Anlass des Amtsantritts von Bundespräsident Horst Köhler »Gaisburger Marsch« gereicht wurde, oder wären Sie diesem schwäbischen Nationalgericht ausgewichen?

6. Auf welche Uhrzeit hätten Sie sich eingestellt, wenn Ihnen die folgenden Zeitangaben gemacht worden wären?
   a) Ein schwäbischer Mittelständler lädt Sie auf Ihre Bewerbung hin telefonisch zum Vorstellungsgespräch auf *»fünf vor viertel elfe«* ein.

b) Geschäftskollegen geben Ihnen einen Bahnanschluss mit *»drei nåch dreiviertel achte«* an.
c) Ein Handwerker sagt sich für eine Elektroreparatur auf *»em mittags«* an.

7. Sie haben beschlossen, im Rahmen eines Stadtrundgangs zum preiswerten Mittagstisch einzukehren. Zwei gegenüberliegende Lokale bieten ihr Tagesessen an: das »Shanghai« zur Linken »Kokosbällchen auf Zitronengras«, zur Rechten der Gasthof »Fässle« offeriert »Ripple vom schwäbischen Landschwein mit Kraut und Schupfnudeln«. Wohin tendieren Sie?

8. Eine Autovermietung bietet Ihnen als Mietfahrzeug in Ihrem Urlaub die Marken BMW, Opel, Mercedes, Toyota und Fiat an. Welche wählen Sie?

9. Folgende Liste von regional bevorzugten Gerichten enthält je drei Spezialitäten aus den Kochbüchern »Kulinarische Streifzüge durch Baden« und »Kulinarische Streifzüge durch Schwaben«.
   Bezeichnen Sie die drei schwäbischen »Leibspeisen«:
   a) »Hecht nach Art des Herzogs Gunzo«
   b) »Saure Kartoffelrädla«
   c) »Nackte Dampfnudeln«
   d) »Schnecken in der Kasserolle«
   e) »Geschmälzte Brotsupp«
   f) »Milchlammleber mit Spargelspitzen und Babylauch«

10. Ihre Vermieterin rät Ihnen zur vorschriftsmäßigen Wahrnehmung der Raumpflege dringend zur Beschaffung der dafür unverzichtbaren Utensilien und empfiehlt einen »Strupfer«, einen »Kehrwisch«, eine »Kutterschaufel« sowie zur Abfallentsorgung einen »Kutteroemer«. Um welche Geräte handelt es sich?

11. Welcher Slogan steht für das zukunftweisende Projekt »Stuttgart 21«, die Neugestaltung des Stuttgarter Hauptbahnhofs?
    a) Das neue Herz Europas
    b) Ein Steuerschmerz Europas
    c) Der teuerste Scherz Europas

12. Ihre Frau weigert sich, zu Weihnachten das schwäbische Standardprogramm von 18 Guatslesorten zu backen. Welche Sanktionen / Strafmaßnahmen halten Sie ihr gegenüber in diesem Fall für angemessen?

Danke … danke … danke!

Ein vorauseilender Dank an ein fiktives Kabarettpublikum, auch um der Kampagne des Staatsministeriums »Danke – eine Spezialität aus Baden-Württemberg« Genüge zu tun, bei der unser Ministerpräsident dazu auffordert, »die Danke-Kultur im Südwesten« zu beleben, sich »überall im Land gemeinsam an die Tische (zu) setzen und … untereinander und zueinander ›Danke‹ (zu) sagen«.

Danke, dass r komma sen, haufaweis, en helle Schara,
Danke, dass r net kniffa hen – mr hätt sich könna jå dr Eitritt spara.

Danke, dass r dia Vorstellong heut Åbend net verpasset,
Danke, dass r en »Tatort« samt dr »Lindenstraße« hopfa lasset.

Danke, dass r net drhoem bloß so en d Röhre glotzet,
Danke, dass r liaber då bei ons eure paar Viertela schlotzet.

Danke, dass r net en eurem Fernsehsessel omananderzappet,
Danke, dass r net mit eure Walking-Stöck em Wald romdabbet.

Danke, dass r zemerucket, weil nå no a paar drzwischapasset,
Danke, dass r euer Händi abstellet ond net so garstig piepsa lasset.

Danke, dass r, mr siehts euch å, scho a Mordsfreid mitbrenget,
Danke, dass r net, wia andre Landsleut, d Lätsch nahänget.

Danke, dass r rengsrom scho frohe Gsichter machet,
Danke, dass r scho vor dr Pointe – besser als gar net – lachet.

Danke, dass r net, em währeda, mit Bschteck ond Teller klepperet,
Danke, dass r net drnebaher mit eure Nebasitzer bäbberet.

Danke, dass r de Tischnåchber net aus ihrem Gläsle supfet,
Danke, dass r d Migranta, wenn's klemmt, uff dr diafere Senn
nufflupfet.

Danke, dass r ons net en dr Pause scho vertlaufet,
Danke, dass r liaber vom Enderle s oe oder s ander Büachle kaufet.

Danke, dass r mr net vorlaut ond nåseweis drzwischaquatschet,
Danke, dass r am Schluss drfür wia dippelich batschet.

Danke, dass r so gmüatlich, so putzmonter beianander sen,
Danke, dass r für onser Schwäbisch no was übrig hen.

*

»Danke! Eine Spezialität aus Baden-Württemberg«
War des net ein Gedanke?
Danke em Staatsminischteriom!
Danke ans Edekas!
*Danke de Gaschtronoma!**

Danke ... danke ... danke!

---

* Edeka und der Gastronomieverband sind Partner der Initiative